# La Dama Del Milagro

Determinada a Vivir Mi Propósito

Giselle Martínez

# La Dama Del Milagro

Determinada a Vivir Mi Propósito
Copyright © 2021 Giselle Martínez
Todos Derechos Reservados.

Este libro es publicado, distribuido y imprimido en los Estados Unidos de América por Rose Gold Publishing, LLC.

ISBN: 978-1-952070-29-7

www.RoseGoldPublishingLLC.com

# *Tabla de Contenido*

# *Agradecimientos*

Primeramente, quiero reconocer y darle toda la gloria y honra a Dios. Siguiente, quiero darle las gracias a todos los que estuvieron al pendiente de mí en momentos donde solo mi cuerpo estuvo presente.

Gracias a la familia Fuertes, la familia Acevedo, y a la familia Martinez. En especial, le quiero dar las gracias a Angela Ceballos, Arelis Carolina Tyson, Arelis Fuertes, Celeste Disla, Ginet Acevedo, Jennyffer Acevedo, Daniel Martínez, Carlos Martínez, Cirky Martínez, Juana Acevedo, José Acevedo, Julio Perez y Denisse Fuertes.

Un abrazo especial a las siguientes personas:

A mis padres, Milagros Fuertes y Manuel Acevedo por esa entrega y amor especial por cada una de nosotras. Gracias a ustedes hoy somos quienes somos. Gracias por siempre creer en mi y darme la confianza de poder lograr cada uno de mis sueños. Ustedes son mi mayor roca, los amo mami y papi.

Ramona Martínez, mi suegra, quien se entregó a mi amado hijo como si fuera su madre para ayudar con su cuidado mientras yo estuve ausente. Gracias amada suegra por ese esfuerzo tan maravilloso que hizo de dar lo mejor de usted para mi niño.

Angélica Flores, eres uno de los ángeles que me he topado en mi camino. Te agradezco todo el esfuerzo durante los tiempos difíciles donde trate de traer a mi hermana Jennyffer a los estados unidos para estar con nosotros. Estoy eternamente agradecida por tu presencia en mi vida.

Eva Malera, amiga te agradezco tanto la atención brindada a mi padre durante sus visitas al hospital. También te agradezco que fueras quien me mantuviera al día con mis clases y los maestros para yo poder lograr el sueño de graduarme de la universidad. Te amo y aprecio toda tu ayuda inmensamente.

Profesor Lewis Williams y Profesor Louis A Russo- gracias por permitirme terminar mis clases desde el hospital, y por confiar en mi. Gracias por enviarme mis exámenes para así poder completar mis cursos. Ustedes fueron una parte esencial para yo poder cumplir ese sueño.

Mayra Santos, gracias por siempre apoyarme y darme palabras de empoderamiento. Más que nada, gracias por tu amistad. Te amo flaca.

Gracias a Eudyct 2003, mis compañeros de clases y amigos de toda una vida, quienes me apoyaron en todo momento desde que supieron mi situación. Gracias por los mensajes motivadores y las cadenas de oración. Estoy eternamente agradecida. Los amo a todos. Gracias por estar ahí, y por darme aliento para seguir luchando durante mis peores momentos. Todos marcaron una etapa especial en mi vida y hoy les doy gracias por la continuación de su amistad a través de los años.

Quiero reconocer a Florangel Canario quien me atendió al bebé, Harvey, durante tres meses para aliviarme de preocupaciones durante mi recuperación.

También, quiero darle reconocimiento a Mariluz Wilcher, por haber estado pendiente de mi al yo despertar-nunca te fuiste de mi lado. Gracias por siempre preocuparte por mi y mi bienestar.

Mis mas sinceros agradecimientos al equipo medico del Hospital Long Island Jewish Medical Center:

Dr. Jonathan Herman, Dr. Robert Wulwilk, Dr. Tried Sudhi, Dr. Sample, Dr. Shoi, Dr. Cordero, Dr. Ronald De La Cruz, Dr. Barrera, Dr. AKA Jesús no recuerdo su nombre y nadie me supo dar explicaciones de quien era, Rn. Tiffany Lee, Rn. Angelica Titor, Rn. Sabrina

Rodriguez, Rn. Nancy, Rn. Melisa Benyoga, Rn. Michelle Lynch, PA Candece Wauchope.

En especial, quiero darle un agradecimiento a mi anestesiólogo, Dr. Cordero, porque, después de todo, supe del gran esfuerzo que hizo para salvarme la vida. Gracias por notar mi rápida caída de presión y alertar a todos, llamando los códigos para que yo fuera socorrida. Le agradezco a Dios la presencia maravillosa de usted, un ángel, que enviado para salvarme la vida.

Al equipo que estuvo presente durante mi emergencia- les debo la vida. Gracias por regalarme un granito de su tiempo y conocimientos para salvarme la vida y hoy poder estar aquí. Desde el fondo de mi corazón gracias por ser instrumentos de Dios para lograr el milagro de mi vida.

Quiero darle las gracias a la Asistente a Paciente que me asistió en mi primera salida del hospital. Gracias por ayudarme a ir a casa preparada para así poder poner a Harvey en mi pecho en el momento que lo conocí. Desafortunadamente, no recuerdo su nombre, pero jamás olvidaré su cara y la oración que hizo por mí aquel día.

# *Dedicación*

Quiero dedicarle mi libro a Dios, a mi tío Lucas, Abuelos María Eneria Reynoso, Francisco Acevedo, Melania Madera, y Rene Fuertes. A mi padre Manuel Acevedo, mi madre Milagros Fuertes, Hermanas Jenniffer Acevedo y Ginet Acevedo, y mis sobrinos, Jacob, Engell, Michael, Kevin, David, Ariel, y Damian.

Para mis amados hijos y esposo:

Hailie Martínez, hija mía, quiero dedicarte este libro por ser la niña fuerte que espero con esperanza y fe que su mami despertara del sueño profundo del cual siempre supiste que despertaría.

Henry Martínez, hijo amado, a pesar de que nunca supiste de la gravedad de la situación siempre estuviste preocupado del porque tu mami no llegaba a casa. Mi vida, sin ti mi vida no tendría sentido. Es por ti que hoy estoy aquí.

Heaven Martínez, mi amada bebe, arcoíris, la luz y espíritu de mi hogar, a ti mi Reyna, te dedico este libro para que cuando crezcas sepas que tú mami peleo está batalla para poder estar aquí contigo y servirte de roca y ejemplo de fe, esmero y esfuerzo. Te amo.

Harvey Martínez, a ti mi amor, mi bebé hermoso. Más que una dedicación en este libro, quiero dejarte marcado el gran amor y alivio que sentí al despertarme y saber que estabas bien y que esperabas por tu mami para irte a casa. Cuánto siento no haber podido estar presente el día de tu nacimiento y haberte faltado tantos días. Quiero que sepas que mientras Dios me permita estar aquí en vida con salud, nunca más te faltaré. Te amo bebé de mami.

Harlin Martínez, amado esposo, a pesar de las circunstancias dadas en esos momentos, mi amor nunca a cambiado. Sentir el amor que me demostraste durante los tiempos de dificultad me hacen sentir que nuestro amor sigue igual de ardiente que el primer día que te vi- te amo.

# Introducción

## Desperté

Me desperté de lo que parecía una pequeña siesta. Cuando abrí mis ojos todos estaban allí mirándome sorprendidos- ellos no podían creer lo que sus ojos veían.

Mi doctor me preguntó, "¿sabes qué día es hoy?" Yo muy segura de mí, le susurré, "sí, es el 22"- era el 27 de Febrero del 2019. Con una sonrisa el medico me dijo, "bienvenida de vuelta."

En ese momento mi cabeza se nublo y pensé que me estaba volviendo loca, no sabía qué ocurría ni sabía nada de mi.

¿Dónde está mi bebé? Esto fue lo primero que pude susurrar, ya que mi voz era escasa por lo lastimada que estaba mi garganta de la entubación con la cual había podido sobrevivir y respirar por esos últimos cinco días.

Yo, sin saber, estaba en un sueño profundo luchando por mi vida.

Mi historial médico parece un libro sin fin. En el mes de Mayo del 2019 pedí una copia para mi uso personal. El documento tenia aproximadamente quinientas hojas que datan del 22 de Febrero 2019 a Mayo 2019. ¡Un poquito extensa! Pero ahí no terminó todo puesto a que los siguientes meses no fueron diferentes.

Pasaba más tiempo en el hospital que en mi casa. Fui ingresada más de diez veces en un año en intentos de arreglar daños y secuelas de aquella terrible emergencia que por poco me cuesta la vida.

Aún no capto entender lo que pasó aquel día. Recuerdo que me desperté cuando me acercaba a un hermoso jardín de flores y mariposas blancas. En la entrada de un túnel iluminado de luz resplandeciente se encontraban mis abuelos maternos y mis tíos fallecidos. De repente, cuando me acerque mi tío se cruza en frente de mí. Reconocí que era mi tío Lucas, el hermano más pequeño de mi madre, quien había muerto un mes antes. Al verlo le pregunté, "¿qué haces aquí? ¿Por qué estás cruzándote al frente de esa manera?" Era como si no quisiera dejarme pasar y yo desesperada le gritaba, "deja de bromear. ¡Tú estás muerto, déjame pasar!" El solo sonreía y con su cabeza me decía que no. En un momento sentí que me desperté y mi esposo me preguntó, ¡Giselle! ¡Giselle! "¿Qué nombre dijiste que le pondremos al niño?"

Me enseñó un pedazo de papel con el nombre de Harvey Manuel escrito. Yo trataba de gritarle, "¡no, ese no es el nombre!" pero no podía. Traté de tomar un lápiz y papel para escribirle lo que pensaba y sentía en ese momento, pero no tenía la fuerza para hacerlo. El doctor me miraba fijamente como si estuviera esperando que mi respiración fallará para entubarme de nuevo. Trataba de respirar por mi misma y poco a poco, con la ayuda de oxígeno, logré estabilizarme.

La imagen de mi esposo con la misma pregunta sobre el nombre del bebé se me repetía una y otra vez. En ese momento fue algo desesperante. Quería arrancarme la cabeza y no seguir viendo las mismas imágenes una y otra vez. Sentía que las preguntas que me hacían se repetían una detrás de la otra diez veces por segundo- me sentía totalmente loca. Con los días se fue calmando esa repetición. Solo Dios sabe cuánto tuve que luchar para hoy estar aquí.

La vida me ha puesto frente a tantas batallas, pero siempre he puesto mi fe en Dios por delante y le doy gracias a Dios porque nunca me ha fallado su bendición.

Hoy decidí contarle al mundo cómo es que mi fe me salvó y cómo a través de los años, esa misma fe me ha llevado a lugares extraordinarios.

## Capítulo 1

## Mi Vida Tiene Propósito

Desde pequeña fui guiada por la fe. Nací y fui criada en el seno de una familia humilde en la República Dominicana en el año 1984. Durante mi infancia fui instruida por mis padres y mis abuelos paternos en la religión católica. Una rutina diaria de oraciones antes de acostarnos y visitas a la iglesia donde compartíamos la palabra de Dios con todos los hermanos.

Tengo tantos recuerdos lindos y gratos de mi infancia. Cada noche, antes de acostarnos hacíamos el rosario con mis abuelos paternos, pero siempre nos quedábamos dormidos a media oración. Mi abuelo nos decía, "eso es el diablo pasándoles la cola para que se duerman", y de inmediato parábamos la cabeza para continuar rezando y así después irnos a la cama- era un ritual diario que no podía faltar en la casa.

Recuerdo que, en mi niñez, mis padres tuvieron que dejarnos a mi y a mis dos hermanas con mis abuelos paternos en el pueblo de La Vega por aproximadamente dos años para poder trabajar. En aquel entonces nosotras éramos aún pequeñas. Yo tenía quizás diez años, mi hermana mayor Jennyffer, doce y la menor, Ginet, apenas tenía cinco años. Recuerdo como lloramos cuando nos dejaron allá con la promesa de volver, pero con el paso de los días todo se fue calmando y nos fuimos acostumbrando a nuestra nueva vida con los abuelos. Mis abuelos eran personas tiernas. Ellos estaban dedicados a siempre darnos lo mejor de sí mismos. Nos enseñaron a cocinar, a orar, y a muchas otras cosas que nos han servido a través de los años. Nos instruyeron en el amor hacia Dios y nos enseñaron que con obediencia y fe se pueden lograr muchas cosas.

Hoy me encantaría que ellos estuvieran aquí para ver cómo he superado los obstáculos a los que la vida me ha enfrentado. A pesar de que muchas veces no sabía qué pasaría con mi vida en momentos de pruebas, siempre puse mi confianza y fe en Dios como así lo aprendí de ellos: con amor, obediencia, fe y confianza en Él.

Cuando apenas tenía seis años tuve mi primer accidente. Mi madre estaba cocinando y tuvo que ir al mercado a buscar la carne y el arroz para completar la comida. Ella ya había empezado a ablandar las habichuelas y no podía apagarlas ya que se le dañarían. Le encargo a Jennyffer que vigilará que Ginet ni yo fuéramos a la cocina y que estuviera al pendiente de que no se le apagaran las habichuelas. Cuando mi madre salió al mercado, yo, como toda una niña traviesa, corrí a la cocina. Las habichuelas estaban apagadas, entonces tomé un papel y fósforos e intenté encenderla de nuevo. Cuando el papel se encendió una bola de fuego me cubrió.

Por suerte, la vecina, quien no solía estar en casa a esa hora, vino por la ventana de la cocina y empezó a lanzarme agua. Decía, "¡súbete por la meseta y sal, sigue mi voz! ¡Sal!" Salí hacia la sala, donde estaba Jennyffer. Cuando me vio encendida en llamas empezó a tratar de apagarlas con un cuaderno que tenía en sus manos.

Yo había cerrado la puerta para que mi hermanita no se escapara y la condene con un alambre para que no la pudiera abrir- esto hizo que los vecinos tardaran más en poder entrar.

Cuando por fin pudieron entrar, me llevaron hacia la parte delantera de mi casa y me sentaron para revisar mis quemaduras, pero mi único pensamiento era- ¿donde esta mi hermanita? Con apenas un añito, a ella le gustaba jugar mucho en la cocina debajo de la meseta. No podía procesar que quizás ella estaba allí atrapada en el fuego. Yo gritaba y les decía a todos, "¡Mi hermanita! ¡Mi hermanita! ¡Ella está dentro!" En un momento de gritos desesperados alcance a ver enfrente de mí y detrás de una silla la carita asustada de mi hermanita. En ese momento paré de gritar, me calmé y dejé que me ayudaran.

Sufrí quemaduras en mi pierna izquierda y en mi estomago. Se quemaron mis pestañas y el cabello, pero, a Dios la gloria, nada grave paso para matarme.

Cuando mi madre regresó del mercado los vecinos me estaban atendiendo. Dejó caer todo lo que traía en sus manos y nerviosa, comenzó a dar gritos. Me llevaron al doctor, y me curó mandándome a casa a reposar y a no tener contacto con personas de afuera ya que se me podían infectar mis heridas. Yo como toda una niña traviesa no espere curarme por completo por salir a jugar al frente de la casa. Gracias a Dios, nuevamente en aquella ocasión, no salí con daños mayores y hoy en día esas cicatrices ni se notan en mi cuerpo.

Esa fue la primera batalla de la que Dios libró mi vida. Quien diría que treinta años después me sacaría del fuego nuevamente.

# Capitulo 2

## Parte De Mi Educación a Temprana Edad

Mi padre siempre me decía, "en la vida tú puedes lograr ser quien tú quieras, solo es cuestión de tener fe, estudiar y trabajar duro."

Decidí estudiar y trabajar duro para lograrlo, inspirándome para siempre dar lo mejor de mi para lograr mis objetivos en la vida.

Durante mis años de adolescencia me enfrente con momentos muy difíciles. Después de cumplir quince años, mi madre partió hacia Europa en busca de un futuro mejor para nuestra familia. Por medio de una prima de mi padre, a mis padres se les presentó la oportunidad de emigrar a España. Esta oferta fue aprovechada por mi madre ya que mi padre se negó rotundamente dejar a sus hijas atrás.

Mi madre salió hacia Europa el 30 de noviembre del 1999, justo un mes después de celebrar el cumpleaños de mis hermanas y el mío, ya que las tres cumplimos casi juntas. Celebramos mis quince primaveras con mucha alegría entre familia y amigos, pero poco después llegó la triste despedida. Sufrimos mucho con su partida. Enfrentamos situaciones donde nos hizo falta la figura materna.

Después de la partida de mi madre, empecé a ser acosada por mis compañeros de escuela. En tono de burla, "tu mama se fue al extranjero a planchar sabanas con la espalda (prostituirse)". Me imagino que ellos escuchaban esto de otros adultos, y aunque falso, era algo muy doloroso escuchar. Mis hermanas y yo, estábamos acostumbradas a que nuestra madre cuidara de nosotras. Cuando se fue, se nos hacía complicado hasta arreglarnos el cabello.

Recuerdo que tenía una melena rizada que llegaba más allá de mi trasero. Todos los días, mi madre me peinaba y me lo lavaba. Era algo que me hacía sentir más acercada a ella. Al ella no estar, se me hacía difícil peinarme por lo largo y lo frondoso de mi pelo. Entonces, comencé a dejármelo suelto para ir a la escuela. Cómo llegaba a clase desarreglada, mis compañeros se empezaron a burlar de mi. Llegué a sentirme avergonzada de mi misma ya que siempre me preguntaban entre burlas que si no tenía un peine en la casa. Lo que ellos no sabían era que en mi casa los peines sobraban, lo que no tenía en casa era la figura materna para que me ayudara a arreglarme. Este suceso marcó mi vida para siempre. Sentí que el abandono de mi madre causó que yo fuera la burla de mis compañeros de escuela.

Mis hermanas y yo empezamos a sentir rencor hacia nuestra madre. Cuando las cosas empezaron a mejorar, nos fijamos en como nuestro padre, quien como figura paterna era su deber proveer por su familia, prefirió atendernos y quedarse con nosotras en vez de irse. Aunque sabíamos que nuestra madre se había ido en busca de un futuro mejor para nuestra familia, no captábamos entender por que prefirió irse a quedarse con nosotras. No es hasta ahora, en mi adultez, que entiendo que no fue un abandono, sino que hizo lo que tuvo que hacer para sacar a su familia adelante. Aun así, se que el dolor que mis hermanas y yo sentimos tenía sentido porque en ese entonces necesitábamos de ella. Es hasta ahora, que nosotras tenemos a nuestros propios hijos y la entendemos un poco mejor, que nosotras mismas hemos buscado curar esas heridas del pasado.

En ese entonces, mi padre tuvo que ajustar su horario de trabajo para poder atendernos. Al principio él se desplazaba a otra ciudad a trabajar. Después de ver lo difícil que era para nosotras, terminó quedándose en casa y trabajando desde la misma. Pasamos momentos difíciles en los que mi padre no tenía ni para darnos de comer, entonces el pedía fiado en el colmado para poder darnos de comer.

En una ocasión, solo logró conseguir 20 pesos en un día de trabajo y tuvo que regresarse a casa caminando desde otra ciudad para no gastarlo y así poder darnos de comer. Recuerdo que llegó tarde a casa y súper agotado. Por gestos como este, doy la vida por mi padre. El no solo se quedó con nosotras en aquel tiempo, sino que dio hasta lo que no tenía por nosotras.

Por su parte, mi madre tardó en poder arreglar su situación migratoria en España. Ella regresó a la República Dominicana poco antes de cumplir cinco años de su partida. A su regreso, Ginet quien solo tenía diez años cuando ella se fue, se estaba preparando para celebrar sus 15 primaveras. Jennyffer, apenas tenía 17 años cuando ella se fue. A su regreso, Jennyffer ya era una adulta y madre de un niño de dos años y llevaba en el vientre otro. Ella tuvo su primer hijo en el 2002, a casi tres años de que mi mamá saliera del país.

Le atribuimos algunos de nuestros errores a ella, ya que si hubiésemos tenido a nuestra madre, nos hubiésemos sentido amparadas. Al ella no estar, tuvimos que pasar mucho tiempo solas en la casa en lo que nuestro papá trabajaba. Si nuestra madre hubiese estado ahi, Jenniyfer hubiese tenido quien la aconsejara y tal vez no hubiera salido con el chico que la embarazó y con quien procreó sus tres hijos.

A pesar de todo lo vivido, durante su ausencia estábamos felices por tener a nuestra madre de regreso. Ella ya estaba ubicada en España. No regresó a vivir con nosotras, ella sólo pasó dos meses y regresó a España. Después de su regreso a España, yo me vine a vivir a los Estados Unidos y no la volví a ver hasta tres años después cuando vino a Nueva York a conocer a sus nietos.

La mente es una arma muy poderosa -creo mucho en el poder de la atracción. De niña siempre soñé con vivir en los Estados Unidos así que entrené a mi mente a ver hacia el futuro para imaginarme en los lugares a los que quería llegar. Estaba tan determinada a venir a los Estados Unidos que un día decidí ir a buscar una visa al Consulado Americano. Yo sabía que no cumplía con los requisitos, pero aún así decidí tomar el riesgo. Antes de ir a mi cita, le oré a Dios y le dije, "señor si es tu voluntad que yo viaje dame esa visa, más si no es tu voluntad aléjalo de mí." Cuando me dijeron que no calificaba, di las gracias y me fui. No lloré porque entendí que no era del agrado de Dios en ese momento. Me fui a casa y continué mi vida normal y me olvidé de lo acontecido. Pero nunca dejé de pensar en mi sueño de vivir en los Estados Unidos.

Justamente un año pasó desde aquel día cuando, manejando con mi tía por la ciudad, conocí a un grupo de chicos guapos. Pícara como siempre, quise acercarme a hacer conversación con ellos. Ahí fue que conocí a quien más tarde se convertiría en el padre de mis cuatro hijos. Ese día lo recuerdo muy bien porque desde ese día no se me ha salido mi esposo de la mente.

Salimos esa noche todos a bailar y traje a mi amiga, Bianca, para que me acompañara. Cuando ellos llegaron nuevamente vi a aquel joven calladito que tanto me impactó. Había algo en aquel chico que me atraía y llamaba mucho la atención.

Mientras los otros parecían querer acabar con el mundo, él se veía silencioso y me parecía tan interesante. El me dejaba muchas incógnitas en mi mente, mientras que los demás eran tan indiscretos entre ellos. Llamé a mi amiga hacia un lado y le dije en aquel momento, "¿no me vas a creer lo que te voy a decir? A mi el que me gusta es el más feo de todos." Entre risas ella me dijo, "yo no puedo creer que, de todos estos papacitos, el más feo es el que te gusta" y le dije que sí. Porque si nos referíamos a físico mi esposo se quedaba corto enfrente de sus amigos.

Hubo algo que hizo que me inclinara mucho más hacia él. Uno de sus amigos en una ocasión me dijo, "él es un tonto, todas las mujeres que a él le gustan, siempre terminan escogiéndonos a nosotros." Pero para su mala suerte, a mi él no me gustaba.

Convivimos en muchas ocasiones como amigos entre todos. Uno de ellos se prestaba a enamorarme, pero a mi no me interesaba en lo absoluto ya que mis ojos estaban puestos en mi esposo desde el primer día -creo que Dios quiso que así fuera. No creo en casualidades, yo creo en el tiempo perfecto y la hora perfecta. Yo se que era el destino que ese día estuviéramos en aquel lugar para poder encontrarnos y formar la familia que hoy tenemos. A pesar de todas las subidas y bajadas que hemos tenido en nuestro matrimonio aún continuamos juntos. Yo en mi parte siendo siempre una mujer creyente en Dios para que el haga su obra en mí, en mi esposo y en nuestra familia. Sé que si hemos logrado llegar hasta aquí es por un propósito divino y yo estoy dispuesta a esperar en él siempre, aunque cueste sufrimientos.

La obediencia a lo que Dios me dicta ha sido parte de la clave que hoy me permite disfrutar de la vida. Desde muy niña siempre creí en Dios al punto de que todo lo que hago lo pongo en sus manos -esa fue la enseñanza que más atesoro departe de mis abuelos paternos.

Desde que empezamos nuestra relación, mi esposo venía a verme desde los Estados Unidos muy seguido. Sus viajes siempre eran de sorpresa y para uno de mis cumpleaños fue a verme, dejándome a mi mayor regalo, a mi primera hija y princesa, Hailie Giselle. Ella era la niña que tanto había soñado. Ella es mi reina y una de mis mayores bendiciones. En aquel momento supe que Dios no me había permitido aquella visa un año antes por que tenía mejores planes para mi y entre ellos estaba formar mi hermosa familia junto a aquel chico que conocí en febrero del 2004.

Al poco tiempo de yo estar embarazada, él me propuso llevarme a los Estados Unidos. Nos casamos y así fue como pude obtener mi residencia. ¿Cómo trabaja Dios verdad? Yo supe en ese instante que Dios me había estado preparando para una vida con mi familia. El deseo de mi esposo era que nos saliera la visa antes de dar a luz a la bebe para que ella naciera en los Estados Unidos. Hailie nació en mayo del 2005 en la República Dominicana a los nueve meses de su nacimiento me llegó la cita para nuevamente ir al consulado a solicitar una visa, pero esta vez respaldada por mi novio y el padre de mi hija.

Llegamos a Nueva York el 14 de marzo del 2006. Cuando salí del aeropuerto me llegó la sensación de todas las veces que había soñado con ver las luces de Nueva York, sentir el frío, y conocer la nieve. En ese momento dije, "wow, estoy aquí." A la misma vez me invadió una tristeza inmensa, pues había dejado atrás a mi familia. Cuando esa verdad me chocó de frente solo me dije a mi misma, "cuanto daría todo porque ellos estuvieran aquí y pudieran ver todo lo que estoy viendo." Con el pasar de los días me fui acostumbrando a mi nueva vida. Mi niña de tan solo nueve meses ya iba a poder estar con su papá sin tener que separarnos, pero me propuse traer a mi familia a vivir aquí también.

Todo al principio parecía color de rosas hasta que llegamos a la realidad, todos sabemos que una pareja necesita vivir sola para poder desarrollarse. Al llegar a la casa de sus padres me tocó vivir en una habitación por aproximadamente tres años.

Mi esposo quería acumular suficiente dinero para comprar una casa, pero durante mi tiempo ahí enfrentamos situaciones muy difíciles ya que después de cierto tiempo empecé a tropezar con los demás. Fue incómodo para ambas partes, excepto para mi esposo puesto que no tenía que pagar facturas ni mucho menos renta.

Llegó el momento en que la oportunidad de comprar una casa se dio. Nuestro vecino le habló acerca de la casa que se encontraba frente a la de sus padres. Compró la casa en la que hoy vivimos a mediados de junio del 2008. No fue hasta casi finales del verano del 2009 que por fin pudimos mudarnos a la casa y por fin tener privacidad. Para ese tiempo no éramos tres, éramos cuatro con nuestro niño que había nacido en febrero del 2007. Henry nos trajo mucha alegría.

Cuando hizo la compra de la casa, ya me estaba llegando mi residencia permanente y podía buscar un trabajo. Esos primeros tres años me la pasaba escuchando caricaturas con los niños en inglés. Me dediqué a escuchar todo en inglés para poder defenderme en este país.

Un día, mientras veía a los muñequitos de PBS Kids, me di cuenta de que podía entender lo que hablaban y fue ahí que comencé a tomar más interés en aprender el idioma porque sabía que lo iba a necesitar.

De casualidad, un día en lo que estaba de compras en el Queens Center Mall alcance a ver el letrero de una tienda de muebles que necesitaba personal. Tome la información, llame al número y me dijeron que fuera a una entrevista. Con mi poquito inglés me entrevistó un chico llamado Mike. El me dijo que no le importaba el poco inglés que sabía. Me dijo que veía en mí potencial y algo que le decía que yo iba a hacer un buen trabajo.

Él me contrató inmediatamente y empecé a trabajar el 4 de julio del 2008. Allí trabajé con un gerente increíble, Julián. Él era tan carismático y buen ser humano. Él sabía de mis dos bebes y que los días de semana tenía una niñera, Mrs. Simone, quien los atendía.

Julián era tan comprensible. La primera vez me vio llegar al trabajo con los niños y con mis ojos llenos de lágrimas y le dije, "lo siento, pero no tengo quien me los atienda y no quise faltar." Julián me dijo, "no te preocupes, si quieres te puedes ir a tu casa, o si quieres, puedes ponerlos en al área de los niños y trabajar ahí hoy." Yo, con mi corazón lleno de agradecimiento hacia él por su dulce reacción, decidí quedarme y trabajar con mis hijos. Me sucedió una segunda vez y él mismo me dijo, "no, vete a tu casa. Atiende a tus niños y regresa mañana." Él era una persona muy dulce y servicial. Se comportó de maravillas conmigo ante aquella penosa situación.

Mi trabajo en la tienda de muebles llegó a su fin cinco meses después de haber empezado. Aunque estaba ganando un buen sueldo en aquel tiempo, tuve que resignarme de mi posición cuando mi mánager, Julián, fue removido y en su lugar pusieron a una persona totalmente fría e indiferente a mi situación. En ese entonces, mis ventas estaban en su máximo volumen. Había hecho ventas de 40 mil dólares en un solo día lo cual me colocaba en la primera posición de ventas. Mi deseo de superación era grande y ver mis comisiones aumentar me llenaban de mucho orgullo y me motivaban continuar. Pero mis hijos eran más importantes y tuve que ponerle fin a ese trabajo.

> "Mira que te mando que te esfuerces y seas valiente; no temas ni desmayes, porque Jehová, tu Dios, estará contigo en donde quiera que vayas."
> – Josué 1:9

Después de aquel trabajo se me hizo un poco difícil lograr establecerme. Traté diferentes trabajos. Uno de ellos fue ser la secretaria personal de una chica que estaba comenzando una compañía para comercializar doctores. Este trabajo se trataba de hacer anuncios médicos y promocionar a los doctores en un canal de televisión exclusivo de medicina. La oficina de esta empresa estaba ubicada en el piso 28 de la torre Trump en Wall St.- me sentía tan bendecida de aquella oportunidad, pero duró poco ya que al mes tuve que renunciar por faltas de pagos de parte de mi empleadora.

Quien iba a decir que tan bien posicionada en una torre, no tenía para pagar mis servicios en pleno diciembre. Lloré como un bebe, pero me sequé las lágrimas, me levante y continúe buscando un trabajo. Necesitaba poder producir dinero y ayudar en lo que pudiera a mi esposo- rendirme no era opción.

Al poco tiempo logre otro trabajo de secretaria personal en una empresa de seguridad cerca de mi casa. Era una bendición. Tenía buen sueldo y con horarios perfectos, de 8 de la mañana a 4 de la tarde de lunes a viernes. Me parecía un sueño hecho realidad, pero también duró poco. Mi jefe me informó que no podía continuar con mis servicios ya que uno de sus clientes llamó a decirle que no le gusto mi acento. El cliente le dijo a mi jefe que no me entendía cuando le hablaba. ¡Así como lo leíste, por mi acento latino, me despidieron!

Mi jornada de continuar buscando trabajo paró por un periodo de tres años, ya que decidí formar mi propio negocio y no ser empleada de nadie. Abrí un cuidado de niños en el 2010. Duré tres años con este negocio, hasta que conocí a una amiga, Lizzette Hernández. Ella me dio paso a entrar al departamento de educación de la ciudad de Nueva york como asistente de maestra. Allí duré un periodo de tres años sin ningún tipo de inconveniente. Mis hijos iban a la misma escuela para la cual trabajaba. Aún así, yo había llenado varios exámenes para diferentes posiciones en la ciudad y de los cuales hasta me había olvidado. Cuando menos lo imaginé, empecé a tener un inconveniente con la maestra a la cual yo asistía. Ella era blanca y los estudiantes eran de comunidades latinas.

En 2015, nos habían tocado dos niños blancos y ella se empeñó en cuidar de estos dos pequeñines mucho más que los demás. Sentí que estaba descuidando a los demás por el simple hecho de ser latinos. Me mantuve un largo tiempo observando su acción y llegó a un punto donde no pude contenerme más ya que uno de mis niños, estaba siendo aterrorizado por la actitud de aquella maestra.

Ella se dedicaba tanto a ellos, que cualquiera pensaría que eran sus propios hijos. No soportaba la indiferencia de aquella maestra con los niños y decidí ir a mi superiores a contarles lo que había observado. La acción que tomaron fue removerme del salón de clases. Me mandaron a un salón donde había un descontrol absoluto; pensaría que fue una estrategia para que yo no siga denunciando lo que aquella maestra hacía. Me sentí con mucha tristeza y solo pensaba en aquellos angelitos.

Me fui a la otra clase y tomé control absoluto de ellos al punto de pasar de ser la clase peor portada a una de las mejores, pero mi corazón ya no se sentía conforme en aquel trabajo. Unas semanas después de todo lo que sucedió, llegué a mi casa para encontrarme con una carta de uno de los exámenes que había tomado en el 2012. Me estaban ofreciendo una posición como chofer de buses de la ciudad de Nuevo York, la New York City Transit Authority. Era una nueva y diferente aventura. Había llenado aquel examen casi cuatro años antes de recibir esa propuesta, ni siquiera lo recordaba. En esta ocasión de nuevo Dios obró para que yo saliera de aquella situación incómoda y me moviera a una nueva aventura. Desde el 2016 pertenezco a esta compañía.

Ha sido la consistencia y el empeño en lograr algo, aunque parezca imposible que me trajo a este lugar. Cuando empecé tuve que enfrentarme a tantas cosas duras para lograr pertenecer a esta compañía, ya que por ser nueva tendría que pasar un año de probatoria para poder quedarme en la posición permanentemente. Tuve que pasar días importantes como el día de las madres, navidades y cumpleaños lejos de mi familia. Casi me rendía, pero puse una vez más mi fe en Dios como mi escudo y me esforcé para conseguir estar en esta posición.

En el primer año no podía faltar ni tener ningún inconveniente. Si cometía un error todo se iría por la borda y no lo podía permitir ya que me había resignado de mi trabajo en la escuela. Cuando iba a mitad de mi año de probatoria salí embarazada del cuál hubiese sido mi tercer bebe, pero en aquel entonces mi vida era un constante estrés ya que me habían enviado a otra ciudad a trabajar. Tardaba más de dos horas en desplazarme dependiendo de la hora del día y el tráfico.

Al principio mi horario era lo que ellos dispusieron y me tocó trabajar horarios nocturnos. Eso me mantenía muy cansada y a las cinco semanas empecé a perder a mi bebe. Claro que, aunque no lo esperaba, un bebe era bienvenido en nuestras vidas. Me emocioné tanto que sin pensarlo se lo dije a todos menos a mis hijos porque los quería sorprender.

Antes de decírselo, una mañana empecé a tener un sangrado en lo que me preparaba para ir al trabajo. Llorando, llamé a mi esposo y me dijo, "llama al trabajo y ve al medico, tranquilízate." Aunque sabía que faltar al trabajo podía traerme posibles consecuencias, en ese momento no me importó. Me fui a la emergencia y me diagnosticaron con un embarazo de aproximadamente cinco semanas con amenaza de aborto y sin señales de feto. Solo podían ver el saco vacío. Mi tristeza era inmensa, pero mi fe era mucho más grande. Fui a visitar a mi doctor, en ese entonces me sugirió que fuera a ver a otro doctor ya que él no iba a poder atender mi embarazo, pero si me hizo exámenes de sangre y ultrasonidos para determinar la gestación. En ese momento me dijo, "no puedo encontrar el feto, solo puedo ver el saco vacío," lo mismo que me habían dicho en el hospital.

Me negaba a darle cavidad a esas palabra y mantenía mi fe en que Dios lo iba a sostener. Con el pasar de los días conseguí a un nuevo doctor quien llevaría este embarazo conmigo, Dr. Herman. El me hizo todos los estudios nuevamente a lo cual los resultados fueron los mismos. El embarazo iba para sus ocho semanas y el doctor continuaba buscando el feto. El doctor trató de explicarme que no era un embarazo normal y que el bebe, si era que estaba ahí, no estaba saludable. Yo no quería escucharlos y decidí mejor esperar a que Dios hiciera su voluntad. Tuve que ser sometida a una cirugía para remover los residuos de aquel embarazo que no se concibió el 3 de agosto del 2016.

# Capitulo 3

## Confianza En Dios

Desde aquel día le empecé a preguntar a Dios, ¿por qué? ¿Por qué me diste un bebe para luego quitarlo así? Yo no encontraba una explicación. Sentía que había confiado en Dios y me había fallado en ese momento. De pronto sentí a una voz hablarme que me decía, "no te lo quite, solo se me escapó un angelito y se fue a ti, pero no era el momento por eso lo tome de vuelta." Mi vida en ese momento tuvo un encuentro con Dios personal sentí que me habló y en ese momento respondió todas mis preguntas. Aproveché y continué hablando con él y me decía, "te quite uno, pero te lo devolveré al doble." En ese mismo encuentro él puso en mí dos nombres, Heaven y Emmanuel, a lo cual le dije, "¿wow, me darás mi sueño dorado de tener gemelos?" Esa pregunta se quedó sin respuesta en aquel momento, pero a los seis meses, y después de cumplir mi año de probatoria, salí embarazada. Mi susto de alegría era inmenso. No quería que nadie supiera nada.

Sentía temor por lo que me había sucedido, pero aun así confié en Dios. Desde el principio siempre supe que tendría una niña y que su nombre sería Heaven. Me enteré mientras estábamos de vacaciones en Orlando, Florida. Al regresar a casa hice una cita con mi doctor. Cuando me vio ya tenía aproximadamente siete semanas de embarazo. Me hizo un ultrasonido y me dijo, "felicidades estas embarazada." Me dio un beso en la mejilla y me hizo sentir tan confiada en que todo estaría bien con este embarazo. A las diez semanas de embarazo y a través de un análisis de sangre me confirmaron que en definitiva estábamos esperando una niña. Siempre lo supe y ya cuando decidí contárselo a la familia mi niña iba con su nombre incluido.

Heaven Marie, muchos se opusieron y expresaron sus opiniones sobre su nombre, pero yo conocía de dónde procedía y no iba a desobedecer las órdenes del Señor. Dios le había puesto el nombre a mi niña y yo no era ni soy quien, para cambiarlo. He aprendido que la obediencia a Dios me llevará a lugares inimaginables. Heaven Marie nació el 20 de octubre del 2017 con un peso y tamaño excelente; una hermosa princesa que llegó para volvernos locos de amor. Siempre que he tenido una inquietud, le hablo a Dios y le pido una guía. Le he pedido que de alguna manera me enseñe el camino correcto. Una de las técnicas que me ha funcionado toda mi vida es hacerle preguntas a Dios y luego abrir la biblia y en ella pedirle que me de respuesta a mi pregunta. Yo tiendo abrir la biblia al azar y dirás que loca pero siempre me encuentro la respuesta a mis preguntas. Si no son contestadas mis preguntas al momento por lo menos me deja una respuesta que me da entendimiento. Dios trabaja con todos nosotros de maneras maravillosas que si le damos paso nos llevarán a lugares increíbles.

A medida que escribía esta pequeña porción del libro le pedía a Dios que me diera una pieza de la biblia para compartir. Al abrí mi biblia, esta es la palabra que Dios me dio, "oír, hijos, la enseñanza de un padre, y estar atentos, para que conozcáis cordura porque os doy buena enseñanza; No desamparéis mi ley porque yo también fui hijo de mi padre, delicado y único delante de mi madre y él me enseñaba y me decía: retenga tu corazón mis razones, guarda mis mandamientos y vivirás."-Proverbios 4. 1-4

Dios, a través de su palabra, nos habla y nos da la oportunidad de que lo escuchemos. En este momento me deja entender que mi obediencia me ha traído hasta aquí. Por mi fe, mi creencia y mi confianza en Dios, hoy te puedo contar de su maravilloso amor. Por eso te cuento parte de mi vida.

Después de la maravillosa llegada de mi tercera hija, Heaven Marie, mi vida tuvo un giro de 360 grados. Nunca pensé que justamente un mes después de estar en las nubes iba a ser golpeada y tirada al suelo de manera tan brusca. Mi amado hijo de diez años, Henry, empezó a mostrar signos de que su salud no estaba bien y poco a poco empezaba a deteriorarse. Sus ojitos siempre tenían ojeras, cada dos minutos corría al baño a hacer pipí y en ocasiones no alcanzaba a llegar y se hacía encima.

Con el pasar de los días, comenzamos a observar a lo largo de una semana que su condición empeoraba. Mientras yo preparaba la ropa de Henry para que mi mamá la llevara a lavar, me di cuenta de que él había cambiado sus sábanas en varias ocasiones durante la semana. Lo llamé y le pregunté, "¿bebé te estás haciendo pipí en la cama?" Él me contestó tímido y asustado, pensando que le pelearía, "sí, mami." En ese momento lo abracé y le dije, "esta bien bebe, no tienes porque asustarte." Ya era de noche y no podía llamar a su doctor en ese momento, pero hablé con mi esposo y decidimos que en la mañana a primera hora llamaría a su pediatra para hacerle cita.

La mañana siguiente llamé a su doctor para hacer cita esa misma tarde y así el niño no perdiera el día de escuela. Por alguna razón sentí la necesidad de decirle, "¿me puedes poner con el doctor, necesito explicarle a él lo que está pasando?" La recepcionista me contestó, "no, el doctor no está disponible en este momento, pero déjele un recado." Le expliqué que quería que el doctor supiera lo que estaba sucediendo. No pasaron ni cinco minutos cuando el doctor me devolvió la llamada preguntándome, "¿dónde está él niño? Levántate y trae al niño ahora mismo. No le des nada de comer, es más ni siquiera lo cepilles y arranca con el niño para acá inmediatamente." Asustada y nerviosa por cómo escuché al doctor, tomé a Henry y salí corriendo a la clínica. Al llegar, no tuve que esperar para ver al doctor. Ellos estaban preparados esperando para recibirnos. Tomaron nuestros datos e inmediatamente pasamos a ver al doctor, a lo que él me explicó, "te llame así de rápido porque quiero confirmar mis sospechas." Me explicó que era muy posible que el niño estuviera sufriendo de diabetes, pero tenía que hacerle estudios para confirmarlo. Mi mundo se derramó en ese instante. Mi esposo y yo ya sospechamos por información que venía leyendo en el internet sobre la diabetes.

Henry fue sometido a análisis y las sospechas del doctor se confirmaron. En ese momento no encontré que hacer y rompí en llantos. El doctor tratando de consolarme solo me dijo, "quisiera darte otro diagnóstico, pero esta es la realidad," en llantos le pregunté, "¿esto tiene cura?" Su respuesta me hizo llorar aun más cuando me dijo, "no."

Dios, que dolor sentí en mi corazón cuando escuché a mi niño preguntarme, "¿qué pasó mami, me voy a morir?" El tenía sus ojitos llenos de lágrimas también sin comprender nada. Me calmé y le dije, "no mi amor tú estarás bien, no te preocupes todo va a estar bien. Tú mami te va a cuidar muy bien y nada malo te va a pasar."

El doctor me dijo que tenía que ir inmediatamente al hospital ya que la glucosa de Henry en ese momento estaba muy elevada lo cual lo ponía en un riesgo muy alto de un coma diabético. Al terminar la cita, su pediatra me tomó de la mano y me dijo, "te felicito. Eres una madre excelente que está al pendiente de sus hijos. ¿Sabes cuantos niños no tienen la oportunidad de llegar aquí así a ser diagnosticados? Muchos padres no se dan cuenta hasta que los niños caen en él coma diabético." No es que sea una cosa buena ser diagnosticado diabético, pero tener la bendición de llegar a tiempo y evitar ver a mi hijo en el piso sin saber qué le pasaba, fue algo que me dio aliento.

Al momento de los análisis, Henry presentaba un nivel de glucosa en la sangre de 327 sin haber comido nada y 500 en la proteína de su orine. Su A1C estaba elevado a 11.5 cuando lo normal es menos de 5. Mi amado hijo estaba a punto de un coma diabético y tenía que ir de emergencias al hospital a empezar un tratamiento de insulinas. Su doctor me había explicado que era muy posible que lo dejaran internado hasta que lo estabilizaran. Yo estaba amarrada de las dos manos en ese momento porque tenía a la bebe en la casa que solo se alimentaba de mi y la leche que le había dejado no era suficiente.

Llamé a mi esposo y le expliqué lo que estaba sucediendo. El estaba en su trabajo y al darle esta noticia solo me dijo, "espérame, yo voy para la casa para irnos juntos al hospital." Le dejé a la niña su alimento y recogí a mi esposo, el cual se salió del trabajo sin ni siquiera decirles a sus superiores. Al llegar a casa se quiso volver loco con el diagnóstico de su hijo y comenzó a llorar igual que yo, pero nos tuvimos que hacer los fuertes y llevar nuestro niño al hospital para que fuera tratado. Al llegar al hospital y entregar la carta de su doctor, el niño fue ingresado inmediatamente para comenzar sus tratamientos.

Al momento todos sus números estaban igual de elevados. Nos explicaron que debían bajarlos dándole insulina, ya que no había otra manera de hacerlo. Nuevamente, mi mundo se me vino encima, estaba nerviosa viendo todo lo que le hacían. Sólo miraba su carita que mostraba una inocencia y una preocupación interna de querer saber lo que sucedía.

Por la gloria de Dios, él no tuvo que quedarse en el hospital ya que respondió al tratamiento. Nos dijeron que tendríamos que regresar tres días corridos al hospital a recibir instrucciones y a monitorearlo. Nos iban a preparar para nuestra nueva vida de padres de un niño con condición de salud delicada. Estuvimos acompañados por los próximos tres días de un equipo de personas increíble que nos hicieron sentir seguros de que íbamos a poder tomar este camino con nuestro hijo sin fallarle. Al principio, nos enseñaron cómo inyectarle la insulina y como saber si estaba en coma diabética- llorábamos con cada paso.

Al pasar los días nos fuimos adaptando a nuestra nueva vida. Yo tuve que dejar de llorar. Mi esposo estaba destrozado con esta situación. El solo decía, "de una inmensa felicidad el mes pasado al recibir la niña, pasamos a un dolor tan grande con esta noticia."

Gracias a Dios, que una vez más, me dio la fortaleza de salir adelante con esta prueba. Tomé mi cruz y la cargué sin quejarme mucho ya que sabía que Dios no nos da batallas las cuales no podemos liberar. Con el pasar de los días comenzamos a recibir los medicamentos de nuestro niño.

Al ver que se me acumulaban los medicamentos, algo vino a mi corazón y me dijo, "eso que no estás utilizando dalos a alguien que sí los necesite". Dios había hecho a mi corazón entender en ese momento que yo tenía las posibilidades de ayudar a alguien que no tenía este medicamento. En aquel momento comprendí que Dios no le había dado esa enfermedad a Henry para lastimarlo, sino para que a través de él pudiéramos ayudar a otros que no tenían los medicamentos para su diabetes. Le quito el nombre de mi hijo a los medicamentos y los donó a quien los necesite. De esa manera siento que estoy cumpliendo con Dios y ayudando a mi prójimo. Hoy en día, sus números han mejorado bastante. Es un niño saludable dentro de lo que cabe en su diagnóstico. Él se mantiene siempre muy activo, juega béisbol y básquetbol y sueña con ser un deportista de grandes ligas, por fe se que Él lo logrará.

## Capitulo 4

## El Poder De Mi Fe

A los ocho meses del nacimiento de Heaven, salí embarazada de mi cuarto bebe. Inmediatamente, al saber que estaba embarazada, y con apenas pocas semanas, ya mi corazón sabía que en mi vientre se encontraba Emmanuel.

El 5 de noviembre del 2018, me caí al cruzar la calle al salir del trabajo. Sentí que mi tobillo izquierdo se cayó a una ranura. Fui llevada en ambulancia al hospital más cercano. Me observaron por encima ya que por el avanzado embarazo no podían hacerme exámenes de MRI, o rayos-x para ver el estado de mis golpes.

Yo fui enviada a casa esa misma noche con mi pie vendado. Al siguiente día, fui a ver a mi doctora de embarazo para asegurar que mi bebé estuviera bien. Gracias a Dios, él estaba en perfectas condiciones. Seguí el curso de mi embarazo normal, pero con mi cuerpo bien traumatizado por aquella caída.

El 26 de noviembre del 2018, mi madre me llamó para decirme que estaba con mi padre en el hospital. Me contó que él no se sentía bien a causa de unos dolores de su espalda. El tuvo que ser llevado a la sala de emergencia, pero hasta ese momento todo parecía normal. Mi padre siempre ha sido un hombre trabajador y no le quería entrar en la cabeza la idea que quizás ya era la hora de jubilarse. Yo tuve que pelear con él sin imaginarnos que estaba preparando el terreno para una batalla mayor.

Le dije a mi padre que tenía que informar a sus empleadores que él no podía continuar trabajando. Le dije que pidiera una aplicación para que el seguro laboral le pagará un reclamo de compensación por su espalda ya que esto le paso en su trabajo. Él estaba trabajando, levantando fundas de basura cuando sintió que su espalda se le rompió. Tuvo que parar de trabajar e irse a su casa. Más tarde cuando mi madre llegó de su trabajo, mi padre estaba en un dolor incontrolable y fue entonces que lo llevó al hospital.

Fui a visitarlo al siguiente día, pero él estaba en cita con su doctor. Nuevamente aquella voz que nunca falla me instruyó que fuese con él a aquella cita médica para estar al tanto de lo que sucedía. Para mi bendición, el regreso a la casa cuando yo estaba ahí porque su doctor aún no había empezado a llamar pacientes y él era por lo menos el número seis en la lista. Le dije, "yo voy con usted para así hablar con su doctor." Cuando llegamos al doctor le dije al medico, "hola soy la hija de él. Quiero saber todo lo que sucede y por favor no me oculte nada." El, como profesional médico, no podía darme detalles de las condiciones médicas de mi padre sin primero tener el consentimiento de él. Desde aquel momento su doctor me proveía con un formulario de consentimiento el cual debíamos llenar ambos mi padre y yo para así nombrarme a mí su encargada de salud.

He estado encargada de todo lo que tiene que ver con la salud de mi padre desde ese día. Su doctor me explicó que mi padre venía presentando quejas hacía ya un tiempo atrás y que él le había sugerido que ya debía jubilarse o hacer un trabajo menos pesado. Pero mi padre es un hombre incansable quien ha trabajado desde los 14 años. El estar tranquilo sin hacer nada no era una buena sugerencia.

Su doctor también me contó que le había recomendado ver a un especialista ya que encontró anomalías en su próstata. Llamé a aquel especialista para hacerle su cita y para mi sorpresa me contaron que la oficina de su doctor de cabecera había tratado de hacerle citas con este especialista, pero siempre las cancelaba para no faltar al trabajo. Al escuchar a la secretaría un poco dudosa le expliqué, "soy la hija de él y encargada ahora de su salud. Por favor hágale la cita que yo me encargo de que él vaya."

Al mismo tiempo, él estaba viendo a un doctor de compensación del trabajo. El doctor lo envió a hacerse un MRI para ver el estado de su espalda, pero el examen lanzó un resultado que no nos esperábamos- mi padre tenía cáncer. El doctor, por no ser el doctor de cabeceras de mi papá, no pudo darme un resultado confirmado. El doctor me explicó que lo que se veía en las imágenes le daba la impresión de un posible cáncer y que debía de llevar a mi padre con su doctor primario lo más antes posible y que después él podría retomar el caso.

Después de contactar a su doctor, tomé la decisión de no dejarle saber nada a mi padre, mi madre o mis hermanas hasta que yo obtuviera un resultado confirmado.

Yo tenía seis meses de embarazo y mis propios problemas de salud al momento, ya que debido a mi caída tenía una bota en el pie izquierdo y tenía que moverme con un bastón. Mi cuerpo estaba traumatizado por aquel accidente, pero aun así tenia que tomar las riendas de la salud de mi papá. Le expliqué al doctor de cabecera el posible diagnóstico dado por el doctor de compensación y le dije, "no quiero que él todavía se entere." Él me explicó que no le diría en ese momento pero que por regla era su deber informarle a su paciente de su condición médica. Le dije, "deme tiempo, por favor, yo le diré a usted cuando le pueda informar. Primero, vamos a confirmar que tan mal está." Continúe con mi padre haciéndole citas con especialistas para que le hicieran una biopsia y así encontrar el nivel y el tipo de cáncer que tenía, pero la cita era hasta después de un mes. La espera se me hacía eterna y sentía que estaba perdiendo tiempo.

Como al momento vivía lejos de mis padres y solo me desplazaba a verlos una o dos veces por semana, no me enteraba mucho de cómo se sentía ya que ellos por mi avanzado embarazo tendían a ocultar la realidad y decirme que él se encontraba bien. Cuando iba a verlo en mis visitas semanales siempre lo veía más decaído, pero él insistía que estaba bien. Una noche, mi primo, Radhames, quien vivía en el edificio de al lado de mi padre me llamó y me dijo, "¿Giselle vamos a dejar que Manuel se muera en ese cuarto en una cama sin ni siquiera hacer el intento de llevarlo al hospital?" Me sorprendí con esta llamada, puesto a que no esperaba escuchar que mi padre estaba en esa situación. Mi madre siempre me decía que él estaba bien y que estaba mejorando, pero ellos solo me hacían creer esto para no preocuparme. Ya eran casi las diez de la noche, entonces decidimos esperar hasta la mañana siguiente, aunque esa noche no pude dormir pensando en la salud de mi padre.

Me levanté la mañana siguiente muy temprano para llevarlo al hospital sin dejarle saber a dónde íbamos. Ver a Radhames ayudar a mi padre a caminar hacia el carro me destrozó el alma. Mi primo tuvo que cargarlo al carro porque sus piernas no daban para más. Cuando le acomodé su caminadora para irnos quebré en llantos. En todo el camino su mirada se veía perdida y llevaba sus deditos en la boca como si fuese un niño. De repente me pregunto, "¿Gin," como suele llamarme, "para donde vamos?" Yo solo le contesté, "no se preocupe papi, usted estará bien yo me encargare de que así sea."

Yo había investigado que el hospital de Manhattan el Memorial Sloan Kettering Cancer Center era el mejor para tratar el cáncer. Llegué al hospital y entré en la primera sala de emergencias que vi. Una vez allí, les expliqué que mi padre tenía un cáncer diagnosticado por medio de un MRI, pero aún no sabíamos qué tipo de cáncer ni en qué nivel estaba. Ellos ingresaron a mi padre inmediatamente para hacerle estudios. Me preguntaron si ya habíamos iniciado servicios en otro hospital. Yo les dije que sí pero que la cita estaba programada para dentro de un mes y ya no estaba dispuesta a esperar más. Ellos me explicaron que podían hacerle todos los estudios necesarios, pero tenía que recibir todos sus tratamientos ahí en vez del otro hospital. Yo les informé que si ellos me podían dar una respuesta rápida de lo que sucedía con mi padre nos quedaríamos en este hospital para recibir sus tratamientos. Después de unas semanas obtuvimos resultados del tipo de cáncer que estaba invadiendo su cuerpo, pero aún no sabíamos en qué nivel tenía ese cáncer. Le hicieron una biopsia de uno de sus huesos en su costado derecho mientras le sostenía su mano.

Mi padre se estaba enfrentando a un enemigo inminente de cáncer en sus huesos. Ya con los resultados confirmados, decidí decirles a mis hermanas. Mi hermana menor, Ginet, fue la primera a quien se lo dije ya que me estaba comunicando con mi cuñado, Kelvin, y lo estaba preparando para que él estuviera presente cuando yo le diera esta terrible noticia.

Kelvin llegó del trabajo a casa donde Ginet estaba esperándolo. La llamé para contarle lo que sucedía porque Kelvin me había dicho que estaba listo para que le diéramos la noticia. Cuando le dije, ella cayó al suelo. Se derramó en llantos ya que sintió una inmensa desesperación. Ella estaba en Madrid, España en su casa y nosotros en Nueva York. Su desespero no fue para menos, el padre tan fuerte que siempre veíamos trabajando para darnos todo y siempre nos mostraba una actitud positiva estaba en la cama de un hospital con un futuro incierto. Mi hermanita inmediatamente se recuperó de los llantos y me pregunto, "¿Gin, ahora que vamos a hacer? Yo me voy inmediatamente para allá. No voy a dejar solo a mi papi en estos momentos." Ella arregló todo con su trabajo, compró boletos y la semana siguiente ya  estaba en suelo americano para estar con nuestro padre.

Para mi hermana mayor, Jennyffer, la noticia fue aún más dura pues ella no tenía la posibilidad de entrar a ver a mi padre a este país con la facilidad que lo hizo nuestra hermana menor. Jennyffer reside en nuestro país de origen la República Dominicana y requiere de una visa para poder entrar a los Estados Unidos, pero no contaba con dicha visa. A pesar de todo, yo me maneje diligentemente con ella y me asegure de que estuviera acompañada por familiares allá.

Cuando Ginet llegó a New York, decidimos sorprender a mi padre. Llegué en la tarde y ese día entré con mi sobrinito en brazos y le dije, "¿papá usted sabe quién es él?" Él con alegría me respondió, "¡Jacob!" Mi hermana entró detrás de nosotros y rompió en llantos al ver a mi padre postrado en aquella cama, pero le dijo que solo lloraba de la emoción de poder estar allí con él y que no pensaba dejarlo solo en aquel lugar.

Con el pasar de los días, las noticias del equipo médico de mi padre no eran muy alentadoras. Recuerdo que conocimos a un chico que era uno de los estudiantes residenciales de medicina en el caso de mi papi. Él se relaciono muy bien con nosotras y nos mantenía informados de todo lo que sucedía. Las noticias duras no nos ayudaban ya que la información nos contaba que la expectativa de vida era corta.

Mi padre siempre fue un padre muy bueno y nos tocaba devolverle ese amor. Llegó a perder todas las fuerzas de sus huesos y se le rompían como si nada, al punto de que tenía varias fracturas en su columna la cual lo llevaron a no poder valerse por sí mismo y a estar postrado totalmente a esa cama de hospital.

Llegaron días de mucha angustia, pero nuestra fe nunca se desmayó. Duró aproximadamente un mes y medio en aquel hospital. Nos daban noticias en los pasillos del hospital para que él no escuchara, pero él solo nos preguntaba qué pasaba. Quería saber si tenía algo grave y si se iba a morir. Nos rompía el alma, pero aún así continuamos ocultando que estaba padeciendo de un cáncer que muy posiblemente acabaría con su vida.

Los doctores nos exigieron que debíamos decirle a él su diagnóstico ya que no podían continuar ocultándolo por ética médica. Nos pusimos de acuerdo con el equipo médico y decidimos darle la noticia. Les pedimos que le hicieran creer que nos estaban dando la noticia a todos en ese momento. Por ser la única que hablaba el idioma, me tocó ser la traductora y decirle a mi padre que tenía un cáncer que estaba poquito a poco arrancándole la vida.

Siempre puse ese diagnóstico en manos de Dios y le pedí con mucho fervor que sanara a mi papi. Dios no se quedó con mis ruegos, pero tampoco me respondió de una vez. Él permitió que mi padre fuera quebrantado a un punto exageradamente doloroso para probar nuestra fe, pero yo seguí confiando en Dios y mi papá fue dado de alta a mediados de febrero.

En mayo del 2019, todos los números del juego cambiaron. Por la gloria de Dios mi padre estaba presentando números excelentes en sus analíticas, los cuales lo llevaron a una oferta de trasplante de médula- esto le daría la posibilidad de vencer al cáncer.

Después de muchas sesiones de quimioterapia, mi padre por fin pudo conseguir el número esperado por su doctora para poder proceder al trasplante. La doctora me llamó súper contenta a mediados de mayo y me dijo, ¡"Giselle lo tenemos! ¡Estos son los números que estábamos esperando para poder hacerle el trasplante!" Gloria a Dios por esa noticia en aquel momento. Mi corazón saltaba de alegría y de agradecimiento con Dios. Una vez más no me defraudo y vi su gloria manifestarse en mi padre.

El 17 de junio del 2019 mi padre fue sometido a su trasplante, pero no sin antes darle una última ronda de quimioterapia. Esta vez fue la más fuerte y la que hizo que pierda fuerzas y su cabello. Hasta ese momento, las quimios que recibía para su tipo de cáncer no eran de esa magnitud. Su doctora nos había explicado todas las secuelas de esta quimioterapia, pero aún así procedimos con fe a que el fuera sometido al trasplante y a los tratamientos necesarios para erradicar el cáncer.

Tuvimos que esperar 100 días para ver los resultados de los estudios y así saber si habían erradicado el cáncer de su cuerpo. A mediados de septiembre, recibimos la noticia de que mi padre había vencido el cáncer. Una vez más, la gloria es para Dios. Él había puesto en mi corazón la dulce fe de que esto no era para mal, si no para el crecimiento espiritual de nuestra fe y familia.

Aquí nuevamente Dios me dio el entendimiento de que por mi obediencia y fe, Él me iba a dar mi recompensa. En ningún momento dudé de que él estaba en control, ni tomé por afirmadas las palabras de aquellos doctores. Siempre, por más duro que fueran los días, encontrábamos una razón para adorar a Dios y darle la honra en medio de aquel proceso. Recuerdo que mi hermanita caía de rodillas en medio del pasillo de aquel hospital cada vez que los doctores le pasaban las rondas a mi papá.

Intenté por todos los medios traer a mi hermana Jennyffer para que pudiera estar con nuestro padre durante todo este proceso, pero no lo pude lograr. En esta ocasión conocí a una chica, Angélica Flores. Ella es una secretaria del asambleísta que representaba a Brooklyn y quien por su posición política podía ayudarme a procesar un visado para mi hermana. Aunque ella trató de ayudarnos por todos sus medios y relaciones, Jennyffer no pudo venir a estar con mi padre.

Ginet se había ido nuevamente a España, pero prometió volver en agosto si todo iba bien para pasar sus vacaciones con papi. Ya que ella regresara, aprovecharíamos para bautizar a Harvey y a Jacob durante su viaje. A mi padre se le metió la idea de que posiblemente se iba a morir, y si sucedía, él quería partir en armonía con Dios y me expresó que se quería casar por la iglesia con mi madre. Ya que teníamos planeado los bautizos, hice arreglos para que también se casaran mis padres.

En el 16 de agosto del 2019, mis padres consagraron su amor en el altar como manda la ley de Dios. Hicimos una fiesta íntima entre familia para celebrar la alegría de esa unión y el bautizo de nuestros hijos. Ginet es la madrina de Harvey y yo soy la madrina de Jacob, junto a nuestro primo Anthony quien apadrino a nuestros dos bebés. Fue un momento hermoso.

Desafortunadamente, el cáncer regresó y el 14 de octubre de 2020, mi padre nuevamente comenzó sus tratamientos de quimioterapia. Está muy débil, pero sigue luchando por su salud con todas las garras. En especial con la mejor arma, su fe y yo lo declaró vencedor nuevamente de esta nueva batalla, en el nombre poderoso de Jesús. Amén.

# Capitulo 5

## ¿Como Volví?

Se bien que lo que te ha mantenido aquí leyendo mi historia es la maravilla de lo que es un milagro de Dios. Un testimonio vivo de su amor y una verdadera promesa de que, si crees en Dios, él te concederá todo lo que su voluntad crea que es para bien y crecimiento tuyo.

Yo volví a nacer aquel día porque cuando los doctores tiraron la toalla y le dijeron a mi familia que ya no había nada que hacer, solo esperar un milagro. Ahí es cuando Dios tomó el control de mi vida.

Dios definitivamente tenía otros planes para mí. En esta ocasión, me quebranto por total para pulirme y hacer de mi una persona nueva. Dicen que para hacer las joyas más preciosas el oro tiene que pasar por el fuego, ser derretido y así elaborar la joya. Así me siento hoy con lo que Dios ha hecho conmigo. Confío ciegamente en que Dios no me tomo para dañar sino para pulirme y hacer de mi una mejor persona. A raíz de todo lo que me ha sucedido es que puedo compartir mi hermoso testimonio del amor de Dios.

El 22 de febrero del 2019 era lo que parecía un día normal en mi familia. Mi padre había sido dado de alta en el hospital después de casi dos meses de estar internado. Era un viernes, me preparaba junto a Ginet para ir a lavar la ropa a la lavandería ya que Ginet se iría de regreso a España el 28 de febrero. Ella quería ayudarme a preparar todo para la llegada de mi bebe, quien estaba pautado para nacer el 7 de marzo por cesárea.

Eran aproximadamente las 12 de la tarde cuando sostuve una discusión muy fuerte con mi esposo. Recuerdo que empecé a tener dolores los cuales pensé eran contracciones y llegó un momento en el cual los dolores eran muy fuertes y ya no los soportaba. Hailie en ese momento me preguntó, "¿mami quieres que llame al 911?" Llegaron a mi casa en menos de diez minutos y encontraron que mi presión estaba cayendo drásticamente. Llamaron por refuerzos a los paramédicos para poder estabilizarme y así trasladarme al hospital. Al llegar, me encontraron en un posible paro cardíaco.

Rápidamente, me pusieron oxígeno y me conectaron a un suero. Al montarme a la ambulancia les grité, "por favor no me lleven al hospital más cercano, por favor llévenme a mi hospital." Yo quería ir al hospital donde estaba pautada para dar a luz y al cual pertenecía mi ginecólogo.

Al principio ellos se opusieron diciendo que mi situación no era de esperar ni de arriesgarme a ir más lejos. Insistí y quien parecía ser el jefe de los paramédicos me dijo, "espera un minuto voy a tratar de llevarte a ese hospital que deseas ir." Solo recuerdo escuchar que hizo una llamada para pedir permiso de salir de su zona. Luego, me dijo, "te llevaré a tu hospital de preferencia, estarás ahí en poco tiempo." Yo estaba en la ambulancia que había llegado a mi casa primero, pero los paramédicos que llegaron en una segunda ambulancia obtuvieron el permiso y me trasladaron a su ambulancia y empezamos nuestro camino al hospital.

No recuerdo el camino hacia el hospital, solo recuerdo que llegué, firme algunos papeles de admisión y le dije a mi cuñada, Ángela, quien venía conmigo que me empujara hacia un lado en la silla de ruedas.

A partir de este momento todo lo que les contaré son anécdotas que me ha ido contando familia de lo sucedido. Me admitieron en el hospital y fui puesta en una habitación a la espera de mi doctor, quien se dirigía al hospital para hacer la cesárea que traería a mi bebe al mundo, fui pautada para las 4:30 de la tarde. Yo estaba en la habitación desde las 1 de la tarde, conectada a los monitores que indicaban que mi bebe estaba en proceso de labor de parto ya que marcaba las contracciones. Me encontraba con mi suegro, Daniel, Hailie y Ángela. Todo parecía normal, y según ellos, me veía muy bien y actuaba conscientemente ante sus ojos, pero yo no recuerdo nada. Tan normal estaba actuando que Ángela me comentó que, por mi apariencia, y como me veía tan enérgicamente actuando, llegó a pensar que el bebé iba a nacer de forma natural. Ángela era quien estaba pautada para entrar a la sala de cirugías conmigo una vez que mi doctor llegara para hacer mi cesárea. De repente, algo inesperado sucedió.

A las 4:00 de la tarde, de la nada comencé a convulsionar, lance un grito y me desmaye. Ángela salió corriendo de la habitación a buscar ayuda. Me llevaron corriendo a la sala de cirugías, y al empezar la cesárea, los doctores no tuvieron el tiempo de arreglar la cortina medica que divide al paciente de los cirujanos. Una de las doctoras me conto que la imagen del perfil de mi cara y mi cuerpo sin vida se le quedo grabado en su mente. Ella, también embarazada, solo oraba para que yo no me fuera a morir en su cuidado. A las 4:12 de la tarde mi bebé nació. Los doctores les enseñaron brevemente el bebé a mis familiares, pero inmediatamente lo llevaron a la sala de intensivo de neonatal. Estuvo ingresado por cinco días, exactamente los mismos cinco días que yo estuve durmiendo en un estado de coma.

Después de ver al bebé, Daniel me cuenta que algo los dejó un tanto preocupado. Los médicos le enseñaron el bebe y él les preguntó, "¿y la mama?" Ellos solo le decían, "estamos trabajando en ella," pero por las bocinas se escuchaba que llamaban por refuerzos. Médicos y enfermeras corrían de todas partes del hospital hacia mi habitación. Fue entonces que Daniel se dio cuenta que los cirujanos iban dejando huellas de sangre por los pasillos. Mi sangre se derramó profusamente sin parar. Médicamente hablando, yo literalmente morí aquel día.

Al hacerme la cesárea, la doctora noto algo inusual. Según ella, me contó que mi útero no estaba sangrando de una forma normal de acuerdo al procedimiento medico que me estaban realizando. Ella no entendía lo que estaba sucediendo cuando de pronto el anestesiólogo empezó a gritar, "no encuentro su presión arterial, ella va a codificar,"- mi presión estaba cayendo drásticamente. Ellos llamaron por refuerzos médicos con códigos especiales del hospital. De pronto, la doctora tomo la rápida decisión de mover mi útero a un lado en un intento de entender lo que sucedía. Al moverlo, mi sangre empezó a disparase de forma dramática. Me contaron que lo sucedido parecía sacado de una película. Hasta ese punto, no sabían de donde venia tanta sangre. Cuando los cirujanos de refuerzos llegaron, tuvieron que abrir mi abdomen desde la herida de la cesárea hasta un poco mas arriba de mi ombligo para intentar encontrar la fuente del sangrado. Cuando llego el cirujano que estaba pautado a hacerme la cesárea, se encontró con lo que la doctora llamo, "un baño de sangre." Por el impacto, lo único que pudo hacer fue ponerse las manos en la cabeza y dijo, "que pasa aquí." Intentaron estabilizarme sin éxito, pero ese no era mi momento de morir. Dios tenía un propósito diferente con mi vida y me demostró aquel día que él aún no ha terminado conmigo.

Exactamente un mes y dos semanas antes, mi tío, Lucas, falleció en la República Dominicana de un paro cardíaco. ¿Recuerdan que al despertarme pelee con mi tío porque no me dejaba pasar hacia el hermoso jardín de flores blancas? Yo creo que mi tío no había podido cruzar hacia el jardín para lograr el reencuentro con nuestra familia y así tener el descanso eterno porque Dios le dio la última misión. Dios y mi tío me ayudaron a regresar al lugar que me correspondía.

No fue hasta después de un tiempo y de hablar con los doctores que entendí la gravedad de mi situación.

Los médicos me explicaron que, en sus años de experiencia, nunca habían visto un caso donde la paciente pierde toda la sangre y sobrevive. El doctor quien me había atendido durante todo mi embarazo y la cirugía me expresó en un tono de sorpresa que, en su más de 40 años de carrera, jamás había visto un caso igual. Me enseñó algunas fotos que tenía de mis analíticas de ese día y me señaló con un dedo el número de mi hemoglobina. Él me expresó, "en ese punto tú estabas muerta. Tú literalmente moriste en esa mesa." A la misma vez me enseñó la foto de lo que parecía una hoja de conteo llena de rayas y códigos y me dijo, "¿ves esas rayas? Esa es la cantidad de sangre y productos que tuvimos que suministrar en tu cuerpo. Tú derramaste hasta la última gota de sangre que tu cuerpo podría tener. Nunca en mi vida había visto un caso igual y que el paciente sobreviva, definitivamente algo grande te protege." Sin pensarlo le dije, "se que si Dios y ustedes no hubiesen estado allí, mi historia hubiera tenido otro final." Lo abracé y le di las gracias por todo lo que hicieron por mí. Al mirarme dijo, "al decirme gracias a mi, le estás diciendo gracias a más de 50 personas que te ayudaron ese día"- Dios es maravilloso y cada día me lo continúa demostrando.

## Conteo de hemoderibados

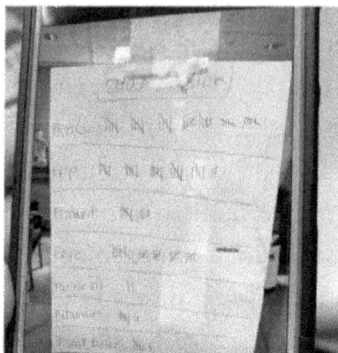

Al despertarme, vi muchos rostros que nunca había visto en mi vida. Los doctores y enfermeras que estuvieron presente durante la emergencia venían a visitarme para ver con sus propios ojos que efectivamente había abierto los ojos. Uno de los anestesiólogos que a menudo pasaba a verme, el Doctor Cordero siempre me decía, "que buen susto nos pegaste, fue algo realmente aterrador."

Tuve la bendición de ir conociendo poco a poco a todos los que hicieron algo por salvarme la vida. Despertar del coma después de cinco días fue un milagro ante los ojos de todos, pero más para mi familia. A mi esposo, el doctor cirujano le había dado muy pocas esperanzas. Le llegaron a decir que no le aseguraban que yo sobreviviría las primeras 24 horas, ya que eran las más críticas. Todos llegaron a pensar que ya solo la máquina me mantenía con vida. Pero mi familia no aceptaba que yo posiblemente fuera a morir y continuaron intercediendo por mí en oración para que Dios hiciera en mí un milagro.

La noche del 22 de febrero 2019 hubo demasiada incertidumbre para todos. Al llegar la noche, le informaron a mi familia que ya no había más que hacer por mí, solo esperar. Le dijeron que se podían ir a casa a esperar, ya que yo iba a permanecer en estado de coma.

Cuando mi familia estaba en camino a la casa, mi celular empezó a timbrar y Ginet, quien lo tenia en sus manos recogió la llamada. Nerviosa, le dijo a Angela, "tómalo creo que es del hospital." Les llamaban del hospital para darles la noticia de que iba a ser trasladada de inmediato al quirófano nuevamente para ser quirúrgicamente intervenida. Mi cuerpo no paraba de derramar sangre, y las transfusiones salían como entraban.

Así quede en estado de coma, y por los próximos días mi familia estaba en incertidumbre con lo que estaba sucediendo. Al tercer día, fui llevada a hacer un CT scan para así determinar si continuaba sangrando internamente. Mi esposo, Harlin, me cuenta que en esa ocasión un equipo completo de médicos me trasladó a la máquina de CT scan y al colocarme en ella todo se apagó.

Rápidamente corrieron conmigo a otra parte del hospital donde tenían otro equipo y así pudieron lograr obtener las imágenes que necesitaban.

Después de haberme recuperado fui a visitar a mi doctor de cabeceras y me pregunto, "¿tuviste algún accidente de auto?" "No," respondí. El nuevamente pregunto, "¿alguna caída traumática?" Yo le contesté, "la única caída traumática que tuve fue un poco más de tres meses antes de dar a luz." Al mirarme me dijo, "¡ahí está el motivo! Esa caída fue la causa de esa ruptura."

Me explicó que potencialmente todo fue a consecuencia de aquella caída. Al caer tan bruscamente al suelo, mi cuerpo sostuvo golpes fuertes y mi bazo pudo haber recibido parte de esos golpes. Causando así una laceración en el bazo y con el bebe creciendo y haciendo presión a la misma vez, terminó rompiéndose.

Yo había pensado en esa posibilidad, ya que casi al final de mi embarazo sentía mucho dolor, específicamente en mi costado izquierdo, donde es que se encontraba mi bazo. Siempre acreditaba esos dolores a achaques del embarazo, ya que pensaba que seguramente era el bebe que me ponía un piecito o una manita.

Después de hablar con el médico entendí que no era así, ya que en realidad todo era parte de un pequeño laceramiento que tenía en el bazo y que con el tiempo se fue rompiendo. Dándome así a entender mi doctor que todo lo que me sucedió aquel día tiene una fuente específica- la caída del 5 de noviembre del 2018.

Trate de explicarle que había sostenido una discusión con mi esposo ese día, y le pregunté si era posible que esa fuera la causa, a lo que él me dijo, "no. Por más que discutas, eso nunca te pudo haber roto el bazo. Lo único que hace que esto suceda, es un accidente de carro o una caída traumática."

# Capitulo 6

## ¡Porqué A Ellos Les Importó!

Desde el primer momento de mi emergencia, las personas que estuvieron envueltos en mi caso se preocuparon por brindarme su atención. Ellos hicieron todo lo posible por ayudarme. En mi opinión, todos fueron escogidos por Dios para estar presente aquel día y así poder lograr lo que hoy estoy compartiendo con ustedes a través de estas líneas- soy la dama del milagro por obra de Dios.

La ciencia nos ayuda con nuestra salud, pero nada sería posible sin Dios. Cuando los doctores agotaron sus fuerzas para ayudarme, uno de ellos le dijo a mi esposo que si creía en algo empezara a orar y pedir por mi, ya que solo un milagro me salvaría.

Me siento sumamente agradecida con mi familia, mis seres queridos y todos quienes me ayudaron porque me sentí querida hasta un punto que nunca me hubiese imaginado. Al despertar estaba rodeada de personas que me visitaban con la esperanza de que yo volviera a la vida.

Durante lo peor de la situación, mi padre nunca se enteró. Lo mantuvieron al margen de mi situación a causa de su propia condición de salud. Le agradezco con el alma a todos quienes cooperaron para que fuera así. Mi hermana se encargó de mantenerlo engañado, aunque él insistía en que era extraño que no le llamara, ni fuera a verlo. Mi hermana en varias ocasiones trató de llamarlo haciéndose pasar por mi para que él estuviese más tranquilo. Pero en esas ocasiones, él no nos confundió, algo que típicamente hacía. Pasaba minutos hablando con cualquiera de nosotras pensando que era la otra. ¿Será que su instinto de padre le dictaba que algo no andaba bien con su hija?

Como yo no me acuerdo de lo sucedido, decidí preguntarles a quienes estaban presentes. Contacte al equipo médico para que compartieran su experiencia con mi caso:

> *"Recuerdo que venías con contracciones, pero creo que habías comido, así que tuvimos que esperar para hacerte la cesárea. Me había ido a descansar y tan pronto como regresé Dana llamó a una respuesta rápida quirúrgica, así que corrí hacia atrás. Te llevamos al quirófano y tu presión arterial estaba*

*bajando. Nos dimos cuenta de que algo estaba gravemente mal. El anestesiólogo empezó a gritar necesitamos sangre que va a codificar. Empezamos transfusores rápidamente y nunca codificaste gracias a Dios, pero recuerdo haber pensado, esta mujer va a morir.*

*No podían encontrar la fuente del sangrado. Habían 10-15 cirujanos en la habitación y 20 enfermeras de varias unidades. Finalmente, uno de nuestros cirujanos lo encontró en tu bazo y literalmente lo sostuvo cerrado con el dedo para detener el sangrado hasta que lo repararan. Estoy bastante segura de que todos pensábamos que no*
*lo lograrías. Tuve muchos pensamientos. Esta pobre mujer, su pobre familia, sus hijos van a crecer sin su madre y recé mucho por ti. Cuando me di cuenta de que ibas a sobrevivir, seguí pensando en como estabas en el lugar correcto, en cualquier otro lugar habrías muerto.*

*(Sabrina Rodríguez RN Labor and Delivery Department)*

Le pregunté a Sabrina, "¿qué significa que no codifique?" Ella me explicó, "tu corazón nunca paro, gracias a Dios." El anestesiólogo tenía el temor de que mi corazón parará de latir, pero gracias a Dios, en toda su gloria, eso nunca sucedió.

*"Quería decirle que cuando presenté mi solicitud para la escuela de enfermería escribí mi ensayo de aceptación sobre cómo cuidar de usted esa noche y abogar y desafiar las normas de salud. Sería beneficioso si se lo envió para su libro".*

*(Angélica Titor ICU RN, CCRN)*

*Ensayo de Angélica Titor:*

*"Desafiando las normas de la atención médica la defensa del paciente se erige como uno de los pilares más fundamentales de la profesión de enfermería, pero uno de los más arduos. Es quizás una habilidad que no se puede enseñar, pero que se aprende con el tiempo en circunstancias desafortunadas. La defensa significa comprender fisiológicos y los aspectos psicosociales del diagnóstico de un paciente. La defensa significa luchar por los pacientes que perdieron la capacidad de luchar por sí mismos. La defensa significa canalizar su pasión por la atención al paciente tratando a los pacientes como individuos únicos. La promoción simplemente significa desafiar las normas existentes en la atención médica.*

*Con laboratorios para monitorear, medicamentos para administrar y evaluaciones para documentar, puede ser fácil estar de acuerdo con las decisiones de los proveedores sin siempre contemplar un alternativo curso de acción. La mentalidad de visión de túnel y la respuesta típica "así es como siempre lo hemos hecho", pueden dejar pasar problemas críticos y evitar que surjan nuevas innovaciones.*

*Además, cuando se aboga por cambiar un curso de acción contra la norma, a menudo se encuentra con una confrontación inicial.*

*Sorprendentemente, esta confrontación desarrolló mi confianza en mi intuición y mi comprensión de la complejidad de los pacientes.*

*Un ejemplo innegable de desafiar las normas del plan quirúrgico de nuestra unidad ocurrió cuando atendí a una paciente obstétrica hemodinámicamente inestable, una madre joven. Ella fue post cesárea y requirió múltiples transfusiones de sangre por una hemorragia desconocida en ese momento.*

*Al regresar a nuestra unidad de cuidados intensivos desde el quirófano, el paciente continuó sangrando copiosas cantidades, a pesar de que se le administraron decenas y decenas de hemoderivados. Mi paciente estaba en su estado más vulnerable: posparto, hipovolémica e intubada. En ese momento, supe que era mi deber defender a la madre de ese nuevo bebé.*

*Llamé a mi equipo de cuidados intensivos a la cabecera de la cama y llamé a la vascular, obstétrica y a la cirugía general varias veces sobre el rápido deterioro de la condición del paciente. Me puse cautelosa cuando su vientre aumentó rápidamente de tamaño mientras el dispositivo de cierre asistido por vacío vertía sangre franca. Su hemoglobina y hematocrito de dos gramos por decilitro sobre el cuatro por ciento necesitaban ser quirúrgicamente tratados. El criterio del equipo quirúrgico fue vigilar hasta la mañana y continuar transfundiendo hemoderivados hasta entonces. Mi criterio fue todo lo contrario, y es la razón por la que el bebé se quedó con su madre. Al abogar, necesita saber más que hechos y fisiología del paciente. Debe poder convencer a toda una sala de personas con diversos antecedentes educativos, títulos y experiencias de que debe ocurrir una acción alternativa. Incluso es posible que deba transmitirle cómo su madre que está sangrando necesita regresar a la sala de operaciones para poder criar a su pequeño algún día.*

> *Trabajar esos turnos nocturnos de doce horas, responder a las llamadas telefónicas, educar a los miembros de la familia con una sonrisa mientras su lista de tareas mentales crece, esa es la parte fácil. La parte difícil de la atención médica es defender lo que cree que es correcto y desafiar a aquellos que rara vez son desafiados, ahora esa es la parte difícil. Difícil, pero vital para brindarles a nuestros pacientes el futuro que se merecen. Afortunadamente para mis pacientes, rara vez me alejo de un desafío".*

Angélica es una de las personas que más recuerdo después de haberme despertado del coma. Ella cuidó de mí en varias ocasiones y fue muy dulce conmigo.

Aún conservo una almohada rosada que me regaló para que la pusiera en mi vientre cuando sentía dolor al toser. Fue hermoso ver como mi experiencia dejó frutos no solo en mi vida personal, sino también en la de todos los que estuvieron presentes.

Todos los que estuvieron envuelto en mi caso tienen un lugar especial en mi corazón. Siempre que hablo de lo ocurrido, expreso mis agradecimientos hacia todos.

Cuando el 27 de febrero de 2019 abrí mis ojos y me sacaron el tubo de respiración artificial que tenía en mi cuerpo, me pararon de la cama y me sentaron en una silla.

Por fin pude dar señales de que me iba recuperando. Recuerdo que dos enfermeras fueron a preparar todo para ya sacarme del intensivo y enviarme a el piso materno del hospital. Pero primero tenía que mostrar que podía respirar sin necesidad de ser conectada nuevamente a la máquina de respiración. Me levantaron a caminar por los pasillos del SICU, conectada a un tanque de oxígeno. Allí, todos los doctores que me veían pasar se quedaban sorprendidos al verme agarrada de las enfermeras. Sus miradas y sonrisas me dejaban saber que esto era un gran logro.

Ese mismo día me vinieron a buscar para llevarme a la planta 5 habitación 523T del hospital. Recuerdo esto perfectamente, ya a partir de ese momento recuerdo todo lo que empezó a sucederme.

Al llegar allí me recibieron mis nuevas enfermeras. La primera enfermera, a considerar uno de mis ángeles guardianes, fue Tiffany Lee. Ella tenía una paciencia increíble para cuidar de mi. Con el pasar de los días, ella fue quien me atendió en los turnos nocturnos y con quien formé una hermosa relación. Ella estaba en planes de matrimonio en esos días y recuerdo que me dijo que no vendría al hospital. Me contó que tomó el día para su prueba de vestido. Nuestras conversaciones y su atención me hacían sentir tan bien. En verdad me ayudó mucho tenerla como enfermera, es una chica increíble.

Recuerdo la primera vez que la enfermera Nancy llegó a mi habitación entró hablando en español. Me dijo, "hola mami Martínez, ¿cómo estás? yo soy Nancy, tu enfermera por esta noche, y no te preocupes mañana también estaré aquí contigo." Entró a mi habitación con tanta confianza y esa actitud positiva que nos hicimos amiguitas de inmediato. Ella me dijo que antes de venir al trabajo siempre les dan un avance de información de los pacientes y después de haber aprendido sobre mi caso, se interesó por ser mi enfermera de inmediato.

Cada vez que pienso en esto me da risa, era muy difícil usar el baño para hacer mis necesidades ya que los medicamentos me tenían estreñida. Ellas me llevaban al baño y se paraban afuera a esperar que yo terminara. En una ocasión, yo estaba muy débil y notaron que no me podía quedar sola. Hicieron todo lo posible por hacerme sentir cómoda para poder usar el baño, pero como no podía, Tiffany abrió la llave del lavamanos y me dijo, "esto te inspirará a usar el baño." Tiffany, Melissa, Oksana y yo a menudo nos reíamos de todas nuestras ocurrencias- era como una reunión de amigas en el baño.

En una ocasión regrese al hospital, me tocó ser intervenida en la cama para colocar una vía intravenosa para poder recibir medicamentos. Después del procedimiento, me enviarían a mi casa. Estaba sola ese día, pero Tiffany pasó a verme después de terminar su turno, ya que yo le había informado que me encontraba ingresada en otro piso del hospital. Me sentía con miedo y le pedí que si podía acompañarme mientras el doctor colocaba la línea intravenosa en mi brazo. Ella, tan dulce, rápidamente aceptó quedarse conmigo. Me sostuvo la mano y me acompañó durante todo el proceso, sin importar que ya su turno había terminado y que se tenía que ir a su casa. Su hermana la esperaba afuera, pero, aun así, ella se quedó acompañándome sin ningún interés.

Son incontables las veces que recaí en gravedad. Incluso, tuve que regresar a la sala de cuidados intensivos y terminé conectada a aparatos nuevamente a causa de otro sangrado interno desconocido.

La segunda ocasión en la que regresé al hospital fue exactamente dos días después de haberme ido a casa. Estaba amamantando a mi bebé y de repente sentí que temblaba incontrolablemente. Estaba con la prima de mi esposo, quien me había venido a visitar. Le dije, "llama a Harlin, mi esposo, y dile que venga porque no me siento bien." Ella fue corriendo a buscarlo. Al regresar solo le dije, "toma al bebé, no puedo contener la tembladera en mi cuerpo." Lo puso en su cuna mientras le pedía que me arropara con todas las cobijas que había porque sentía mucho frío y no podía dejar de temblar.

Sus padres, quienes viven al cruzar la calle, inmediatamente cruzaron a ver qué sucedía. Mi cuñada, Ángela, empezó a gritar, "¡llamen a la ambulancia, llamen a la ambulancia!!"

Llamaron a la ambulancia y en lo que esperábamos le dije a mi esposo que me pusiera todos los paquetes calientes que habíamos traído del hospital para así calentarme debajo de las cobijas. Cuando llegó la ambulancia, yo aún estaba temblando. Desesperada, les grité que por favor me llevarán nuevamente al hospital donde día a luz y donde conocían mi caso. Fui bendecida una segunda vez, ya que en esta ocasión también el permiso fue concedido, y fui llevada al hospital de mi preferencia.

Una vez ya en el hospital, fui sometida a varios exámenes para saber qué sucedía. Al principio la tomografía solo mostraba acumulación de fluidos en mi estómago a causa de que mi páncreas estaba liqueando. La recomendación fue colocar un segundo drenaje en la parte baja de mi costado izquierdo, donde ya se encontraba el primero. Necesitaba la asistencia de un segundo drenaje para poder sacar todo el fluido dañino.

Habían pasado dos días en el hospital y aún continuaban las fiebres y malestares. No encontraban explicación lógica. Recuerdo que entre al hospital un viernes y para el domingo ya estaba presentando otra gravedad que me llevaría una segunda vez a la sala de intensivo, SICU, para poder ser monitoreada las 24 horas al día. El domingo, mis amigas fueron a visitarme. Todo parecía normal; comí, hablamos y nos reímos. Al llegar la hora de irse, le pedí a Lizzette que me acompañara al baño. Al poco tiempo de que se fueron, nuevamente sentí que necesitaba ir al baño y no llame por asistencia. Me tenían un brazalete que decía 'peligro de caer', pero en ese momento me sentí fuerte así que me pare, fui al baño y allí me senté. De repente, sentí que todo me daba vueltas y rápidamente jalé el cordón de emergencias y en un segundo llegaron dos enfermeras corriendo a mi habitación. Ellas llegaron justo antes de caer al piso. Me pusieron en la cama y un grupo enorme de doctores y enfermeras me estaban rodeando en cuestión de segundos.

Yo estaba sola en ese momento por lo que le pedí a la enfermera que por favor llamara a mi esposo y le dijera lo que sucedía. Me dormí y sentí que fue tan solo por 10 minutos, pero cuando desperté ya mi esposo estaba ahí mirándome junto a Hailie. Me sorprendí al verlos, pues para mi pensar yo acababa de cerrar mis ojos. Le pedí a mi esposo que me llevara al baño nuevamente. Ya sentada en el inodoro, le pedí que me dejara recostarme en él ya que nuevamente me sentía mareada. Al recostarme en su cuerpo sentí que todo empezó a darme vueltas nuevamente y que me desmayaba. Me acuerdo sentir que mi esposo me tocaba la cara y me pedía a gritos, "¡Giselle! ¡Giselle! Por favor no me dejes." Cuando desperté, estaba en mi cama y rodeada nuevamente de todo el equipo médico con luces en los ojos. Ellos me gritaban, "vamos abre los ojos. Quédate con nosotros. Mírame. Abre los ojos, ¿me puedes ver?" Mi esposo me contó que cuando me desmaye, me puso en el piso, jalo el cordón de emergencias y me levanto a la cama donde me desperté.

Una de las doctoras que formaba parte del equipo de cirujanos que estaba a cargo de mi caso vino inmediatamente a verme. Ella habló con mi esposo en ese momento y le dijo, "no voy a esperar por nada ni nadie. Ella tiene que ser trasladada al intensivo ahora mismo, "¿puedes ayudarme a empujar su cama?" Desconectó mi cama y junto a mi esposo me empujaron por el pasillo del hospital con destino nuevamente al SICU, de dónde había salido unas semanas atrás pero primero hicimos una parada en la sala de tomografías, para hacer una toma de mi estómago y el área pélvica, donde tenía las cirugías mayores. Ella quería estar segura de que todo estuviera bien. Me hicieron la tomografía y luego me llevaron a la sala de intensivo donde me dejó a cargo de dos enfermeras que entre ellas susurraban, "¿qué pasó aquí? ¿Por qué la trajo así? Este no es el protocolo, ni siquiera un transportador. La trajo así simple y llanamente."

Ellas me conectaron nuevamente a las máquinas que me mantenían monitoreada 24 horas al día. Cómicamente, estaba justo al frente de la habitación donde estaba la primera vez en estado de coma. Ahora consciente, podía darme cuenta de todo lo que sucedía a mi alrededor.

Entre tantos diagnósticos y exámenes yo estaba agotada. Me llegué a sentir desesperada. Solo quería que todo esto pasara para poder recuperar mi vida, pero esto era tan solo el comienzo de una larga jornada. El diagnóstico de la tomografía supuestamente no presentó ninguna irregularidad. A los dos días, otro equipo de radiología tomó una segunda opinión y como resultado vieron a dos arterias sangrando en mi estómago que necesitaban reparar de inmediato quirúrgicamente. Trataron de hacerme una endoscopia para determinar más a detalle lo que sucedía, pero como no me podían dormir dado a que temían que no despertara nuevamente, me dieron un sedante ligero. Me dijeron que solo sentiría una pequeña molestia en la garganta.

El doctor que iba a hacer la endoscopia empezó a bajar el tubo que llevaba la cámara a mi estómago por mi garganta. No iba ni por la primera parte del examen cuando tuve una reacción de vomitar. Lo único que vomitaba eran puñados de sangre. El examen no pudo ser completado y los doctores optaron por no tratar de hacerlo nuevamente.

Habían notado que mi esófago estaba rasgado a causa de la intubación de emergencia que me hicieron el 22 de febrero.

Me pusieron un tubo para drenar la sangre de mi estómago que iba desde mi nariz. Solo veía las líneas de sangre pasando hacia el vaso de drenaje. Era totalmente increíble, pero no era nada comparado a lo que según mis familiares y doctores me cuentan salía de mi cuerpo esos primeros días en coma.

Pase todo el año del 2019 y principios del 2020 dentro y fuera del hospital. Fue una situación muy incómoda ya que llegamos a pensar que los doctores no sabían lo que estaban haciendo conmigo.

# Capitulo 7

## ¿Por Qué Aún Estoy Aquí?

Esta pregunta ronda mi mente desde el minuto que supe por todo lo que tuve que pasar. A medida que pasa el tiempo y veo cosas pasar en mi vida, me voy dando cuenta que Dios me necesitaba aquí.

Tantas veces volví al hospital para reparar daños y secuelas que habían quedado de aquella noche. Al tener que ser sometida a varias operaciones inmediatamente, mi bebé fue sacado de mi cuerpo para poder tratar de parar mi sangrado interno. Los doctores tuvieron que extirpar mi bazo, un órgano muy importante para el ser humano ya que es el encargado de pelear las bacterias infecciosas que tratan de invadir nuestro cuerpo. Para poder removerlo, tuvieron que cortar parte de mi páncreas.

Al extirpar la cola del páncreas, el doctor le explico a mi esposo que era posible que necesitara drenajes para sacar los fluidos que destilaba el páncreas, pero al final él considero que no los necesitaba ya que mi cuerpo podría combatir esos fluidos y disolverlos por sí mismo.

Después de la cirugía empecé a presentar fiebres inexplicables. Hicieron exámenes y descubrieron que mi páncreas estaba liqueando fluidos que se estaban acumulando dentro de mi estómago y provocando fiebres. Nuevamente tuve que entrar a la sala de cirugía, pero esta vez para colocar drenajes que ayudarían a mi cuerpo a sacar los fluidos acumulados.

Fue tan traumático ser ingresada al hospital más de diez veces en un año. Fue tanta la experiencia que ahora me siento de hierro. Morir y renacer fue lo que experimentó mi cuerpo, pero ¿para qué pasar por tantas cosas tan horribles? Pienso que fue para poder contarle al mundo mi encuentro cercano con la muerte y así explicar cómo mi fe en Dios me sacó de aquel abismo.

Hoy continuó haciéndome muchísimas preguntas sobre lo sucedido. A pesar de tanto dolor y tanta incertidumbre, aún continúo aquí llena de vida, salud, sueños y con ganas de seguir adelante. Todo en la vida tiene una explicación y a pesar de que no todo el tiempo logramos entender porque algunas cosas suceden. Siempre opto por darle el sentido de la fe- si algo me está sucediendo es porque tiene un propósito divino, un aprendizaje, y un cambio que de alguna manera me ayudara en mi desarrollo personal y espiritual.

Creo firmemente en que Dios me utiliza para que otros que no confían en él lo puedan hacer. Entre comentarios en las redes sociales, recibí un mensaje de una chica quien me compartió que yo era la razón por la que había creído de nuevo en Dios. Me contó que ella había perdido la fe en él cuando perdió a su hermano en una muerte repentina. Al ella decirme esto sólo le respondí que mi misión en su vida está cumplida. Creo que Dios le enseñó aquel día que puedes siempre confiar en El a plenitud porque no importa las circunstancias El siempre tendrá el control y la última palabra, sobre todo. Lamentó la muerte de su hermano, pero ese era su llamado aquel día. Dios lo necesitaba, por eso El lo mandó a llamar.

Por mi parte, yo continúo en espera de que Dios me muestre el camino de la misión para la que me dejó en este plano. Todo lo que he logrado en mi vida viene provisto por un plan maravilloso de Dios. Mi vida, si no creyera en Dios, no tendría sentido. Mi confianza en Dios es lo primordial para poder salir adelante en la vida.

## Capitulo 8

## Siendo Procesada

Al casi perder la vida, opté por dejar que todo siguiera su curso en vez de preocuparme y puse todo en manos de Dios. Dejé que El tomara el control de aquella situación y creo que El me dejó saber que todo era parte de un proceso del cual yo iba a salir. A través de mi proceso, El estaba cambiando muchas cosas en mi vida y en las de los que me rodean.

Mi familia me pedía que buscara una segunda opinión médica, ya que seguía en la misma situación a pesar de que habían transcurrido ya varios meses. Yo siempre he obedecido lo que mi corazón manda y en aquel momento aquella voz me decía que permaneciera en aquel lugar porque allí era que mi proceso debía de ser llevado.

Tanta era la insistencia de toda la familia que en una de mis tantas internadas decidí llamar al doctor con la intención de pedirle mis papeles porque me quería ir a otro hospital para buscar otra opinión. Créanme cuando digo que la intención era irme de aquel lugar, pero al doctor llegar y pararse enfrente de mi cama tuve una confirmación de que allí era donde debía de estar. Tenía que ser paciente con mi proceso.

Era la primera vez que vi a ese doctor y definitivamente vino enviado por Dios para que entendiera que El estaba en control de todo y que yo estaría bien. El rostro de este doctor tenía un brillo y resplandor diferente.  Lo miré y le dije, "cuando te vi pensé que me había muerto y Jesús vino a recogerme." Entre risas él solo me dijo "eres muy chistosa," era como si el mismo Jesús hubiese venido en frente de mi cama. Su parecido a la imagen que nos han enseñado de cómo lucía Jesús era asombrante.

Por este doctor tuve el entendimiento de que estaba en el lugar correcto. Entendí que no se trataba del lugar ni de los doctores, se trataba de esperar confiadamente en lo que Dios estaba haciendo en mi vida. El haberme despertado de aquella muerte segura era suficiente para saber que Dios aún me tenía aquí porque algo grande tiene propuesto para mi vida

Mi récord médico contaba con más de 500 páginas que datan del 22 de febrero del 2019 hasta mayo del 2020.

En mi récord médico puedes encontrar detalles de lo que tuvo que pasar mi cuerpo para recuperarse. En una ocasión me contó mi suegro, que uno de los doctores que me atendió al ver que yo seguía luchando por mi vida le dijo, "¿Daniel usted nunca ha visto un perro verde?" Y mi suegro le dijo, "no." El doctor le contestó, "mírelo ahí" señalando mi cama, le dijo que yo era un perro verde. Me imagino que quiso decir que mi caso no existía.

Una de las ocasiones que presente fiebre fue con la tan temida bacteria de las pseudomonas:

*"Pseudomonas es un tipo de bacteria (germen) que se encuentra comúnmente en el medio ambiente, como en el suelo y en el agua. De los muchos tipos*

*diferentes de Pseudomonas, el que con más frecuencia causa infecciones en humanos se llama Pseudomonas aeruginosa, que puede causar infecciones en la sangre, los pulmones (neumonía) u otras partes del cuerpo después de la cirugía.*

*Estas bacterias encuentran constantemente nuevas formas de evitar los efectos de los antibióticos que se usan para tratar las infecciones que causan. La resistencia a los antibióticos ocurre cuando los gérmenes ya no responden a los antibióticos diseñados para matarlos. Si desarrollan resistencia a varios tipos de antibióticos, estos gérmenes pueden volverse resistentes a múltiples fármacos"* *(cdc.gov).*

Les cuento, también, que tengo alergia a varios antibióticos. La ciprofloxacina, uno de los antibióticos a los que le tengo alegría, es el que utilizan para matar a esta bacteria más efectivamente. Era el único medicamento con el que me daban la posibilidad de enviarme a casa, ya que se puede tomar en forma de pastilla, pero esto no era opción.

Me dieron dos opciones: irme a casa con un picc line, o continuar ingresada recibiendo tratamiento de manera intravenosa en el hospital.

Opte por la picc line. Un picc line, de acuerdo a la explicación de Chop.edu es:

*"Una línea PICC es un catéter (tubo) delgado, suave y largo que se inserta en una vena del brazo, la pierna o el cuello. La punta del catéter se coloca en una vena grande que lleva sangre al corazón. La línea PICC se usa para antibióticos, nutrición o medicamentos intravenosos (IV) a largo plazo, y para extracciones de sangre"* (chop.edu).

En ese entonces, había pasado tres semanas en el hospital sin conocer a mi bebe. Acepté que me pusieran la picc line y que me enviaran a casa para así continuar mis tratamientos y poder estar con mi familia. La doctora de infecciones del hospital no estaba de acuerdo que yo abandonara el hospital, pero ante su oposición continué con mi decisión de salir de aquel lugar. El 6 de marzo del 2019 fue la primera vez que salí del hospital, justamente el día antes que mi doctor había planeado para mi cesárea.

Requería de una enfermera en casa ya que tenía la línea intravenosa y los drenajes en mi cuerpo. Las enfermeras se encargaban de un procedimiento inter-diario para asegurarse que no tuviera fiebres. Mis signos vitales estuvieran bajo un control monitoreado. Ellas se encargaban de notificar a los doctores del hospital de cualquier cambio.

Tuve que contar con la asistencia de una persona proveída por mi seguro que venía a mi casa tres veces por semanas. Ella me ayudaba a pararme de la cama, a bañarme y me asistía con la limpieza y con todo lo que necesitaba a mi alrededor.

Duró por lo menos dos meses esta asistencia, pero después de un tiempo mi seguro no podía continuar ofreciéndome este beneficio. Tuve que traer a una señora desde mi país para que me ayudara por tres meses en lo que recuperaba mi salud. Ella se encargo de mi bebe, Harvey, por esos tres meses en todos los sentidos para yo poder recuperarme poco a poco.

Una vez más, repito, nadie se cruza en tu camino por coincidencia. Florangel llego justamente cuando Harvey tenía dos meses y medio. Con su llegada también llego un gran alivio y ayuda para mis suegros, quienes se habían dedicado en cuerpo y alma a la atención de mi bebé. Recuerdo que la primera vez que llegue a casa, esperaba con ansias a que él llegara de la casa de mi suegra para por fin tenerlo en mis brazos conscientemente.

Antes de que Harvey saliera del hospital, su padre lo trajo a mi cama para conocerlo, pero no me acuerdo ya que todavía no me encontraba estable. Tengo un hermoso vídeo donde tengo a mi bebé en brazos por primera vez, pero se nota que aun estaba en un estado muy débil.

# Capitulo 9

## *Todo Lo Que He Atraído*
## *Con El Poder De Mi Mente*

La mente es el arma más poderosa que el ser humano puede tener. He aprendido con el pasar de los años que todo lo que me propongo lo puedo lograr si mantengo una actitud y mentalidad positiva en todo momento. Hoy puedo decir que todo lo que me he propuesto hacer en mi vida lo he atraído con el poder de mi mente y la gracia de Dios en mi vida.

A lo largo de mi historia tengo constancia de que todo lo puedo lograr- primero en Cristo que me fortalece y luego en mi mente que es fuerte y mantiene una actitud positiva a todo momento. Esto creo que ha sido y seguirá siendo mi arma más poderosa.

Cuando me encontré en la situación en la que estaba, siempre sentí que saldría victoriosa y que le contaría a todos mi historia. Yo quería regalarle al mundo el milagro que Dios hizo en mí y lo que he logrado atraer a mi vida con mi fortaleza mental. Por mi tenacidad, estoy en este país, vivo establemente, y tengo a mi familia unida. Siento que hasta el carro que manejo, lo manifesté con el poder de la atracción. Siempre he tenido en cuenta que todo esto lo logre por que a Dios así le ha placido ayudarme. Mi fe caracteriza todos mis logros.

Cuando quise mi primer carro, recuerdo que me enamoré profundamente de un carro que siempre estaba estacionado al frente de mi casa. Tenía un color azul cielo precioso y era de la marca Lexus IS 350. Todos los días lo veía y me imaginaba siendo la dueña, manejando por las calles de Nueva York. Poco tiempo después, mi esposo me dijo que íbamos a ver un carro que su amigo le quería vender a muy buen precio. Fuimos al Bronx a verlo y al llegar mis ojos estaban incrédulos. No podía creer que el mismo carro del que me había enamorado ahora sería nuestro. Tanto lo pensé, tanto me lo imagine que termine teniéndolo cuando menos lo pensaba. Mi esposo compró ese carro y unos años más tarde terminó regalándome el carro ya que yo lo necesitaba para ir a trabajar. Esto es solo un ejemplo de las cosas que he podido ver que logro con el poder de atracción.

De la misma manera, pude comprarme otro carro. Cuando comencé a trabajar con la NYCTA y estaba en mis entrenamientos manejando por la ciudad, alrededor siempre veía las SUV de la Lexus RX 350 y me enamoré de ella. Le dije a mi compañero de clases en ese tiempo, "¿ves esa guagua? Esa es la de mis sueños y pronto la tendré si Dios lo permite." Me imaginé nuevamente siendo la dueña de este vehículo y en el 2018 pude con la gracia de Dios comprarlo completamente nuevo. Pero esto no es solo en lo material si no también en el ámbito laboral, la salud, la familia, lo económico y todo lo que pueda acontecer a mi alrededor.

Una de las metas más importantes de mi vida fue la meta de graduarme de la universidad. Esto claramente lo había planificado y pautado para que se hiciera realidad el 12 de junio del 2019, muchísimo tiempo antes de que me sucediera mi emergencia. Yo estaba tomando mis últimas clases en la universidad y había investigado que tiempo me tardaría en lograr graduarme. La persona que me ayudaba a escoger mis clases en la universidad ya me había dicho que si todo iba bien y tomaba dos semestres más podría ponerme en la lista para graduarme en junio. Sentí mucha emoción, pero lo que menos sospeche era que el 2019 sería un año lleno de arduas batallas en mi vida.

Comencé mis últimos semestres de clases en la universidad en septiembre del 2018. Las clases durarían hasta mayo del 2019, pero con eso terminaría mis requisitos y podría entrar a la lista de graduados de 2019. Iba a todas mis clases religiosamente sin faltar a ninguna, ya que estaba embarazada y sabía que cuando diera a luz tendría que perder unas cuantas clases por mi cesárea. A pesar de que caminaba con un bastón y una bota nunca falté a mis clases, ni aun cuando estaba en un estado muy avanzado de embarazo dejé de ir. Lo único que cambió en ese tiempo fue la manera de como me transportaba hasta la ciudad. Tuve que empezar a manejar de Brooklyn a Manhattan para poder asistir a mis clases.

Yo siempre fui una excelente estudiante en mis cursos universitarios. Hubo solo una ocasión donde me calificaron con una B y eso fue por confusión de un maestro quien confundió mi nombre por el de otra chica. Mi maestro de los jueves era un amor. Cuando me conoció me decía, "¿cómo puedes hacerlo? Un bastón, una bota y una barriga, me da temor que te pueda pasar algo." Le dije, "el día que usted no me vea en clases preocúpese quizás algo me haya pasado, pero para que no se asuste mi parto está planeado para 7 de marzo, así que no tiene de nada qué preocuparse." Quién diría que ese último jueves cuando nos despedimos en la clase sería el último día que nos veríamos. Justamente el siguiente día fue cuando ocurrió mi emergencia. Claramente, él no se enteraría hasta las próximas dos semanas cuando yo por fin pude comunicarme con la escuela para explicar lo que me había ocurrido.

Lo repito, nadie se cruza en tu camino por casualidad. Eva, una chica que estudió conmigo me ayudó mucho con lo de mi padre. También fue quien me mantuvo en contacto con mi profesor y quien entregaría mis trabajos en lo que estaba en el hospital.

Con el pasar de los días empecé a recordar algunas cosas. Se me habían olvidado muchas cosas como la clave de mi celular, mis cuentas bancarias, y las claves de mis cuentas de redes sociales. Hasta se me olvidó que había dejado el carro en el dealer para hacerle arreglos. Cuando por fin logré acordarme de mis clases, me dije a mi misma, "tengo que terminar mis clases mi graduación es en junio." Tan comprometida estaba con llegar a esa graduación que una vez que ya estaba en el cuarto 523T, le pedí Hailie que me enviara mis libros y mi mochila de la universidad porque iba a continuar mis clases desde el hospital y así lo hice.

Después de haber recuperado mi teléfono, llame a Eva y le informe lo que me había ocurrido. Le pedí que por favor informará al profesor para poder completar mis clases y así poder graduarme a tiempo. Inmediatamente, informo a mi profesor. Ellos me insistieron que primero me recuperara y luego retomara mis clases. El profesor me pondría 'incompleto' como nota para que cuando me sintiera mejor pudiera terminar la clase, pero yo insistí en que no quería hacer eso. Quería la oportunidad de terminar mis clases aun así sea desde la cama del hospital. En mi mente ya me había propuesto graduarme en ese día y nada ni nadie cambiaría eso, solo Dios, sí así es que El lo decidía.

Hailie me mandó los libros y materiales que necesitaba al hospital para poder completar mis clases. Muchas veces no tenía fuerzas para continuar. Quise rendirme, pero mi poderosa mente me continuaba empujando. Estaba determinada a cumplir esa gran meta y eso me llenaba de ánimos. Pensé que podría tomar mis exámenes de medio término y exámenes finales, pero no fue así. Yo continuaba ingresada en el hospital y mi condición no era de esperar una mejoría rápida, sino que sería a largo plazo. Los doctores nos explicaron que me tomaría un largo tiempo para volver a ser la persona que antes era, si acaso es que algún día volvería a poder serlo.

Tuve la bendición de que mis profesores me enviaran mis exámenes al hospital. Es así que pude completar mis cursos. Pero aún me quedaba otro reto - recuperarme para poder asistir a mi tan anhelada graduación. Quería cumplir esta meta para darle a mi padre el orgullo de verme graduada de la universidad como se lo había prometido. El cáncer de mi padre me motivó para terminar mis estudios. No quería ni pensar que él podría morir sin llegar a verme alcanzar esta meta.

Los meses anteriores a la fecha propuesta para mi graduación no fueron fáciles para mi y mi familia. Había hecho tantos planes con Hailie quien estaba supuesta a graduarse de la secundaria al mismo tiempo que yo. Uno de nuestros planes era que íbamos a celebrar en grande ese día. Tenía planeada una fiesta para celebrar nuestro gran logro.

Una de mis amigas y compañeras de clase que vivía cerca de mí me ofreció recoger mi toga y birrete de la universidad ya que en ese entonces todavía estaba ingresada en el hospital. Cuando lo recogió, me mandó una foto de mi paquete. Dentro del paquete se podía contemplar una tarjeta que decía, "asociado en artes liberales, distinción académica." En la cama del hospital mi corazón saltaba de emoción. Ya había logrado un sueño y con él mi objetivo de graduarme de la universidad con honores.

Siempre me gusta motivar a mis hijos a luchar por más. Les enseñe con ejemplo propio que rendirnos no es una opción. A pesar de la difícil circunstancia en la que me encontraba, yo pude lograr esa meta. No hay nada imposible en la vida si tienes a Dios de tu parte. Si pones tu esfuerzo lograrás todo lo que te propongas.

En lo que se iba acercando la fecha del gran día, yo continuaba con el entra y sale del hospital. Me mantenía muy débil y no sabía si iba a tener la fuerza para atender el día tan esperado. Una vez más entre al hospital con infección y fiebres a causa de que me habían desconectado los drenajes que se encargaban de sacar los fluidos acumulados en mi barriga. Por recomendación del doctor decidieron ingresarme y tenerme en observación con la espera de que mi cuerpo reaccionara a los tratamientos que me estaban suministrando. Nuevamente pedí hablar con mi doctor ya que me habían hecho un estudio en el cual una de las doctoras me había dado un pequeño adelanto del resultado y me aseguraba no entender qué sucedía conmigo. El resultado del examen lanzó que mi páncreas no estaba aparentemente liqueando aunque era la causa de la acumulación de líquido en mi barriga. Llego a mi habitación aproximadamente a las 11 de la noche y me explicaron que no estaban seguros si mi páncreas era la causa del problema. Le dije que necesitaba que me enviara a un especialista del páncreas para que pudieran determinar mejor la fuente de mi problema.

El día siguiente me vino a visitar un especialista del páncreas quien me explico razones más lógicas para lo que me estaba sucediendo. Me habló de un examen que lo llevaría directamente al problema, pero antes de ese examen los planes que había hecho el grupo de cirujanos el primer día era no invadirme. Al siguiente día, me dijeron que volverían a ponerme los drenajes, pero, otra vez, cambiaron nuevamente de opinión. Yo solamente escuchaba y le pedía a Dios que todo terminara pronto ya que estaba súper cansada de que me intervinieran tanto.

La noche antes de mi última visita, el grupo de cirujanos quedó en que no me harían nada. Al llegar, mi enfermera me envió a la sala de radiología para ser intervenida y colocar los drenajes. Le dije que mis doctores dijeron que no iban hacer esto, pero ella insistió que era la orden que había en la computadora. Me fui a la sala de radiología, una vez allí le pregunté al anestesiólogo si podría investigar si en realidad tenían que hacer esta intervención. Al regresar me dijo, "perdón fue toda una confusión. Tienes razón tus doctores no quieren este proceso." El me dijo que todo fue un error porque el doctor no había cancelado la orden en la computadora. En ese momento pensé, ¿cuántos errores médicos de esta magnitud cometen a diario? Gracias a Dios yo estaba consciente, si no quizás me hubieran intervenido innecesariamente.

Ya una vez dicho todo esto, me devolvieron nuevamente a mi habitación. El especialista del páncreas pauto a hacerme un estudio el siguiente día para tratar de encontrar el problema. Fui llevada esta vez a la sala de endoscopia para que me hicieran un estudio porque habían encontrado una bolsa de pus putrefacta en mi estómago, la cual era la causa de mis fiebres. Está pus estaba buscando por donde salir de mi cuerpo y había hecho un agujero en mi intestino. Me explicó que aparentemente los ductos de mi páncreas estaban dañados dado a la cirugía a la cual fui sometida. Básicamente el corte que hicieron en mi páncreas para llegar a mi bazo me había dañado el ducto del páncreas. Los líquidos que estaban supuestos a salir de mi cuerpo de manera natural estaban acumulándose dentro de mi.

El dejo dentro de mi estómago una endoprótesis, lo cual sacaría el pus putrefacto de mi cuerpo enviándola de la misma manera que ya estaba buscando salir. Esto estaría dentro de mi por aproximadamente dos semanas.

A las dos semanas, regresé al hospital como paciente ambulatoria para removerme la endoprótesis. El doctor me dio buenas noticias cuando desperté. Me dijo, "lo removimos y todo aparentemente está bien. Ya no hay más líquido y está todo como lo planeamos." Lo único ahora es esperar a ver que sucede."

El doctor me había explicado que, si esto no funcionaba, tendrían que utilizar una última opción para tratar de reparar el daño en mi páncreas. Exactamente dos días más tarde, regresé al hospital con fiebres. Al parecer el doctor que me había hecho este procedimiento no estaba en el hospital. Cuando él me llamó me contó que no tenía conocimiento de que yo estaba en el hospital, pero que iba a recomendarle a los doctores someterme nuevamente a el examen. Esta vez tenían que colocar la endoprótesis dentro de mi páncreas lo que tenía un alto riesgo de convertirse en pancreatitis.

Al despertar me sentía bien, no tenía ningún dolor puesto a los medicamentos. Me enviaron a mi habitación y me sugirieron no comer nada sólido por unos días. Tuve que empezar con gelatinas y cosas suaves para ver como mi cuerpo reaccionaba. Yo pensé que estaría bien si me comía solo unas galletitas y un poquito de jugo. Esto me provocó un dolor inmenso. No podía contener las lágrimas y tuvieron que suministrarme morfina cada 4-6 horas para tratar de calmar mi dolor.

Aún así yo continuaba con dolor incontrolable. Me hicieron estudios nuevamente y fue detectado que estaba padeciendo de pancreatitis. En esta ocasión, la endoprótesis duró dentro de mi páncreas casi dos meses. Me traían al hospital a chequear que estuviera en su lugar por medio de rayos x. Llegó el día de sacarlo y nuevamente el doctor explicó el proceso y las expectativas. Me dijo "en esta ocasión espero ya no tengas que regresar, que el problema esté resuelto y que a partir de ahora tengas una vida normal." ¿Le pregunté, "¿y cómo lo sabremos?" Con una sonrisa me dijo, "en dos días lo sabremos, si es que regresas al hospital." Esa fue la última vez que tuve que ser intervenida.

Desde el 22 de febrero del 2019 al 19 de julio del 2019, mi cuerpo se mantenía en una invasión constante pero esa última intervención le puso fin a todos esos meses de desesperación.

Un mes antes del fin de tanta incertidumbre fue mi graduación. Me preparé junto con mi familia y fui a mi graduación. Una vez allí, entramos a esperar a que llamaran mi nombre para recibir mi diploma. Entre mis familiares estaban mis invitados número uno mis padres, mis hijos, mi esposo, mis suegros, y tres amigos que son muy importante en mi vida: Mayra, Cynthia y Ambiorix.

Cuando escuché mi nombre no pude contener las lágrimas. Allí estaba yo, apunto de subir al escenario a recoger el diploma que con tanto esfuerzo había logrado y que a pesar de todo pude graduarme con honores. Mis familiares ni siquiera tuvieron tiempo de sacar las cámaras. Estaban tan centrados en ese gran momento que solo lo vivimos. Ya que todavía llevaba en mi cuerpo la endoprótesis que me causaba dolor al caminar, tuve que dirigirme hacia las personas que me estaban esperando para entregarme mi diploma a paso de tortuga. Con la ayuda de mis compañeros, caminé hacia el escenario. Las caras y sonrisas de quienes me esperaban con ansias para por fin entregarme mi diploma eran tan motivadoras. Entre sonrisas me susurraban, "¡lo lograste! ¡Felicidades!"

Mi madre trabajaba para una señora que hacía pasteles y me envió uno con mi madre hermoso para celebrar mi graduación y la de Hailie. Con este gran sueño y meta realizada después de aquella ardua batalla por la vida, logré mi propósito de mostrarme a mí misma y a todos los que me rodeaban que no hay nada imposible para Dios. Entendí que si te propones una meta en la vida con la bendición de Dios, siempre lo podrás lograr. Los imposibles los hacemos nosotros mismos cuando ni siquiera intentamos.

Mi poder mental, mi confianza en Dios, y mi fe en todo momento fueron la clave para yo lograr salir de aquella situación. Quizás si hubiese tenido mi mente más débil, no me hubiera podido superar. Fueron tantos los diagnósticos y tantos procesos quirúrgicos- fue un año completo y parte de otro entrando y saliendo de aquel hospital. Gracias a Dios, por fin estoy de vuelta a mi vida normal. Regrese a mi trabajo el 30 de agosto del 2020 y desde entonces he podido hacerlo sin restricciones- eso es simplemente es otro momento que logre atraer a mi vida con fe en Dios y en el poder de mi mente.

## Capitulo 10

## Una Relación Hermosa Con Dios

Una hermosa relación con Dios nuestro Señor todo poderoso es lo que hoy me mantiene de pie. Desde que aprendí a comunicarme con El todo tiene sentido. Aunque las cosas parezcan estar mal, siempre tengo la confianza que todo estará bien. Dios no me ha defraudado ni abandonado en ningún momento a lo largo de mi vida. El me ha dado a entender que El está en control.

Siempre he tratado de mantener una relación intima con Dios. Creo que siempre he sabido de su existencia a través de las enseñanzas que recibí por parte de mis abuelos. Me queda muy claro que aun tengo una vocación que cumplir para que Dios esté satisfecho conmigo. Aún no se que sea, pero sé que estoy empezando por compartir las maravillas que Dios ha hecho en mi vida. El solo hecho de que Dios se haya apiadado de mí en el momento más vulnerable de mi vida me ha enseñado que por más malo que sea el hijo, su padre nunca lo abandona. Muchas cosas han cambiado en mi vida desde aquel momento aterrador. El proceso fue muy largo y doloroso, pero aprendí que la paciencia y la confianza en Dios me permitirá ver su maravillosa mano siempre obrar en mi.

A través de los años mi relación con Dios se ha hecho más fuerte. No he necesitado intermediarios para lograr tener un encuentro y una relación maravillosa con él. Sí, reconozco que debemos de tener un lugar donde congregarnos y buscar de Dios, pero también reconozco que una iglesia es solo uno de los tantos métodos para lograr tener una relación íntima con Dios. A través de los años las iglesias donde nos debemos de congregar para buscar de Dios y aprender de su palabra, nos han dado una mala percepción de ellos mismos. Los seres humanos no somos perfectos– esto nos lleva a cometer errores que pueden confundir a los que tratamos de reconocer a Dios. Es por eso, yo creo, que no deben de buscar a Dios solamente en las iglesias, en un pastor o en un simple ser humano, sino que busquemos a Dios dentro de nuestro corazón. Debemos de conocerlo no con la mente, sino con el corazón. Dios es nuestro amparo en todo momento. Si sabemos cómo buscarlo, lo encontraremos.

Yo he tenido la bendición de poder encontrarlo cuando lo he buscado. En algunos momentos he sentido que me he alejado de él, pero siento cuando no estoy en su presencia y trato de lograr una reconexión inmediata con Dios.

*"Así como por la desobediencia de un hombre todos fuimos constituidos pecadores, de la misma manera por la obediencia de uno muchos serán constituidos justos. Pero la ley se introdujo para que el pecado abundase; mas cuando el pecado abundo, sobreabundo la gracia; para que, así como el pecado reinó para muerte, así también la gracia reine por la justicia para vida eterna mediante Jesucristo, Señor nuestro".* Romano 5:19-21

Tenemos libre albedrío, lo que significa que podemos tomar nuestras propias decisiones. El peligro está en que muchas veces no elegimos lo correcto ni lo que agrada a Dios. Muchas veces nos dejamos engañar por lo que el mundo nos puede ofrecer e ignoramos a lo que verdaderamente agradar a Dios.

Me considero un simple ser humano quien peca como todos los demás, pero quien siempre ha tratado de mantener una relación cercana a Dios. Lo primero que hago al despertar en la mañana es agradecerle a Dios por la oportunidad de un nuevo día, de poder estar con mi familia y por todo lo que recibo a diario en mi vida. Trato de no ser egoísta, pidiendo más de lo que necesito, pero cuando deseo algo le pido a Dios que, si es su voluntad, lo traiga a mi vida y si no lo es que lo aleje de mi. La amistad que he logrado desarrollar con Dios ha mantenido mi vida a salvo.

Dios nos habla y nos escucha a todos. Es posible lograr tener una relación con Dios si así lo deseas. Lo único que tenemos que hacer es buscarlo con todo nuestro corazón, mente, alma y espíritu. El siempre está dispuesto a escucharnos para responder a nuestras inquietudes. Nosotros debemos saber ser pacientes y entender que las cosas pasan en el momento que Dios quiere que nuestras inquietudes sean respondidas. El tiempo de Dios es perfecto.

Enfrente momentos de incertidumbre en mi vida donde no sabía que pasaría conmigo. Quise rendirme y tirar la toalla, pero en esos momentos sentí la
presencia de Dios y fue cuando más fuerzas pude tomar para seguir luchando por mi vida.

> Entonces El Señor dijo: si tuvierais fe como un grano de mostaza, podríais decir a este sicómoro: Desraígate, y plántate en el mar; y os obedecerá. (Lucas 17: 6)

Fe del tamaño de un grano de mostaza- así de chiquitita puede ser la fe para que puedas lograr más de lo que te imaginas en tu vida. En mi caso, logré despertarme de la muerte. Mi fe logró levantarme de una cama de hospital y me motiva a mirar hacia el futuro.

Dios no comete errores. Yo no creo que todo lo que pasé fue en vano. Al igual que tu, soy parte de un plan divino y es por eso que quiero servir como testimonio vivo de lo que Dios puede hacer en nuestras vidas. ¿Pero para que Dios me tuvo que quebrar hasta este punto? ¿No se supone que El es un Dios de amor que no nos hace daño? Efectivamente, Dios es amor, pero a la misma vez es un fuego consumidor. El nos permite enfrentarnos a lo que nosotros escogemos, y cuando eso nos mete en problemas, El está allí listo para escucharnos y ayudarnos. A veces nos deja quemarnos un poquito para que entendamos su poder, pero al final El es un padre y nunca abandona a sus hijos.

Decidí celebrar el día que volví a la vida con una gran fiesta en la cual mi familia e invitados disfrutaron de una noche espectacular. Esa noche fue planificada con más de seis meses de anticipación y con la intención de adorar a Dios junto a todos los que me acompañaron en aquel día. Le dije a mi primo, Carlos Rene, quien tocó la música esa noche, que quería que pusiera música de adoración cristiana por las primeras horas de la fiesta, hasta que yo diera la bienvenida a todos y abriera la fiesta. Inicie esa celebración con palabras de agradecimiento al todopoderoso y después con la prédica del pastor de la iglesia de mi suegra. Ya que nos encargamos de haberle brindado toda la honra a Dios, disfrutamos la noche. Celebramos el primer año de mi bebe y mi regreso a la vida con mucha alegría. Una vez más Dios se manifestó en mi vida al darme la oportunidad de celebrar mi vida y honrarlo por todas sus bendiciones.

Acuérdate, Dios te ama. El te está esperando para que le entregues tu alma y corazón. El espera con ansias por ese momento en el cual decidas creer en El para mostrarte todas las maravillas que puede lograr en tu vida si tu se lo permites. Cree en Dios. Aunque no lo puedas ver, El es lo único verdadero. Es el único ser que no te abandonará ni te desamparará. Dios siempre está esperando por ti. Solo es cuestión de creerle y esperar con mucha fe. Créeme, su tiempo es perfecto.

# REFERENCIAS
# MEDICAS

Recuento De Parte De Mi Diagnóstico Médico 22 de febrero del 2019. Aquí inicia mi pesadilla con mi llegada al hospital y las llamadas de emergencias para asistir al nacimiento de mi bebé.

Esta parte complementa gran parte de mi historia, ya que si no tuviera estos récords médicos a muchos se le haría difícil creer esta drástica historia. Espero que disfruten ver el milagro de Dios en mi vida y en la de mi familia.

El trauma que mi bebé tuvo que enfrentar al llegar al mundo, seguido por los papeles médicos de cada acta, desde el día de su nacimiento se encuentran en seguida. Estás sinopsis son de los primeros meses de entradas y salidas, de a lo que en ese entonces yo llame mi resort de cinco estrellas, el hospital LIJ:

> *peds llamados al parto por código neonatal 100 y c / s. Varón de gestación de 38 semanas 1 día de un g5p3 de 34 años, gbs positivo 2/13, sin tratamiento (sin rotura / trabajo de parto), sin complicaciones. la madre vino para el trabajo de parto y comenzó a sufrir convulsiones y fue llevada a la sección c de emergencia o por accidente. arom en la entrega de fluidos claros. bebé varón nacido ausente llanto, sin tono, flojo, azul / pálido, sin mueca. el bebé fue llevado al calentador precalentado. wdss. Se*

evaluó la hora y estaba por encima de 100 / min. después de seg. ppv se inició con una presión de 30/5 y se colocó un oxímetro de pulso en su mano derecha que mostró sat al 60% a los 90 seg. movimiento torácico deficiente notado pío aumentado al 80%. a aprox. 4 min de vida mejora el estado de respiración del lactante, pero continúa requiriendo cpap peep 5 40%. apgar 6/2/8. infante admitido en nicu para mayor manejo

Curso UCIN: s / p 48 horas de ampicilina y gentamicina con hemocultivo negativo desde el nacimiento. s / p cpap y on ra on dol 0. s / p ivf. comenzó con alimentación enteral dol # 0. ahora alimentando adlib cada 3 horas con niveles estables de glucosa en sangre. hizo la transición a cuna abierta y mantuvo temperaturas adecuadas. en dol 0 se notó que había hinchazón y equimosis en el brazo izquierdo donde se colocó la vía intravenosa, se obtuvo una radiografía y no se necesitó otra intervención

03/6/2019

Evaluación: 34yo POD # 1, s / p emergente repetición C / S con descubrimiento de aneurisma de arteria esplénica roto, estado post *esplenectomía y colocación de abthera vac mediante cirugía general. RTOR varias horas más tarde para detectar signos de hemorragia intraabdominal en curso y resección del aneurisma de la arteria esplénica proximal, pancreatectomía distal y colocación de suturas B-Lynch y colocación de abthera, estado posterior a salpingectomía bilateral y cierre abdominal (2/25). Transfusiones de múltiples hemoderivados. S / p SICU permanece desde POD # 0-5. Pt febril POD # 7 con fiebres de bajo grado, TC mostró colección en lecho de esplenectomía. estado post drenaje IR 3/3. Pt afebrile durante la noche, actualmente en vanc / aztreonam / flagyl. A Pt se le administró una dosis de ceftriaxona ayer sin reacción alérgica. Para una transición tentativa a los antibióticos PO hoy con el alta.*

*3/18/2019*
*Evaluación: Mujer G4P3 de 34 años con 3 cesáreas previas que presenta fiebre / escalofríos después de un curso hospitalario complicado reciente.*
*Emergente C sección 2/22, luego se sometieron a múltiples procedimientos que incluyen pancreatectomía distal, esplenectomía y salpingectomía bilateral*

*¿TC con ascitis loculada en el lecho de esplenectomía? hematoma, absceso en desarrollo versus ascitis de bolsillo infectada*

*El cultivo de drenaje IR al sitio fue negativo*
*Tenía fiebres / rigores a través de Vantin / Flagyl*
*RVP neg, UA mínimamente positivo*
*Tenga en cuenta la urticaria a PCN como niño y anafilaxia a FQCT A / P sin cambios 3/10*
*S / p EGD, embolización Ahora estable, transferido de la UCI*

*Sin fiebre, sin leucocitosis, tratamiento de meropenem durante 2 semanas, drenaje IR ajustado y nuevo colocado; ningún cambio en el estado después de parar abx hace 2 días*

*Cultivo de drenaje IR negativo*
*En general, fiebre, leucocitosis, absceso de abd, sepsis, alergia a pcn, estado posoperatorio, HD*
*- Continuar fuera de abx*
*- Drenajes por IR*
*- Ha tenido 2 semanas de abx IV con drenajes IR para control de la fuente; razonable para monitorear abx por ahora*

*4/3/2019*

*Evaluación: Miss Martinez es una paciente de 34 años que ha tenido un curso clínico complicado desde Febrero que requirió cesárea emergente el 22/02 c / b hemorragia intraoperatoria secundaria a rotura de aneurisma esplénico que requirió esplenectomía, pancreatectomía distal y ligadura de arteria esplénica, c / b por colección grande loculada en el lecho esplénico y canalón paracólico izquierdo que requiere drenaje IR (03/02). El paciente fue readmitido el 08/03 por fiebre, el curso hospitalario durante el reingreso se complicó por sangrado arterial intraabdominal y requirió embolización de IR (12/03). También se le colocó otro drenaje IR en el cuadrante inferior izquierdo con el drenaje superior izquierdo aumentado el 15/03. Es de destacar que todos sus hemocultivos y cultivos de drenaje de ingresos anteriores han sido negativos.*

*Para este ingreso, se presentó con fiebre c / o principal el 27/3 después de la extracción del drenaje abdominal inferior izquierdo el martes 26/3. La tomografía computarizada mostró un aumento en el tamaño de la colección intraabdominal inferior. Ahora está reposicionando su drenaje abdominal superior izquierdo para control de la fuente, pseudomonas CRO en crecimiento IR cx.*

*El paciente es alérgico a la ciprofloxacina (anafilaxia) y las pseudomonas son R a los carbapenémicos. Actualmente, el paciente toma Aztreonam y responde bien clínicamente.*

*Sepsis por drenaje intraabdominal de absceso s / p con pseudomonas CRO en crecimiento cx PIC colocado para antibióticos intravenosos en el hogar.*

*Sugerir:*
*1) Absceso intraabdominal*
*★ continuar Aztreonam 2 q12*

*★ también agregue Flagyl 500 q12 PO para una cobertura anaeróbica*
*★ duración de los antibióticos: continúe hasta la resolución del absceso según lo determinado por TC seriada. programado para revisión de drenaje en 1 semana. ciclo estimado de 2 semanas de antibióticos.*
*★ cbc, cmp semanalmente a mi fax*

2) lactancia

★ Se aconseja a la paciente no amamantar ni consumir alcohol mientras toma Flagyl.

★ puede reanudar la lactancia materna 2-3 días después de completar flagyl (informado al paciente) Barbara Edwards MD

5/9/2019

Evaluación: mujer de 34 años con cesárea emergente en febrero de 2019, rotura de aneurisma esplénico, shock hemorrágico, esplenectomía, pancreatectomía, complicada por múltiples colecciones abdominales, colocación de múltiples drenajes y ciclos de antibióticos.

Se eliminó el último drenaje de 4/26 y se completó el ciclo de 4 semanas de aztreonam y flagyl.
Regresó el 30 de abril con fiebre, dolor en el abdomen izquierdo y leucocitosis WBC 14K
Fiebre y tendencia a la baja de WBC con flagyl, aztreonam
TC muestra hemiabdomen izquierdo de colección de 2 x 2 x 7,5 cm
h / o alergia a cipro y penicilina.
flagyl y aztreonam se reiniciaron el 30 de Abril.

*s / p EUS: fístula de absceso a cuerpo gástrico, colocación de stent Axios. CPRE s / p: stent colocado*

*Mejorado clínicamente. Abdomen febril, no doloroso, WBC normal*

*Sugerir: continuaría con los antibióticos presentes durante unos días más –> lunes*

*aztreonam 2 g iv cada 12 h + flagyl 500 mg VO dos veces al día*

*Barbara Edwards MD*

*6/18/2019*

*Historia de la enfermedad actual*

*Historia gastrointestinal: mujer de 34 anos que regresa después de la hospitalización por recolección de líquido de una fuga pancreática. Al paciente se le colocó un stent axios y luego se lo extrajo con recolección de líquido y luego se sometió a una CPRE con un stent del conducto pancreático de aprox. hace 3 semanas. Ahora se queja de dolor abdominal epigástrico y en el lado derecho izquierdo que comenzó el sábado pasado. Ella niega tener fiebre. Pt hija estaba enferma en casa con vómitos y diarrea. Pt se queja de mucho gas. También se queja de dolor con sus períodos.*

*Problemas activos*

*Pancreatitis aguda (577.0) (K85.90)*

*Encuentro para determinar la viabilidad fetal del embarazo (V23.87) (O36.80X0)*

*Pancreatitis aguda idiopática con necrosis infectada (577.0) (K85.02)*

*Acumulación de líquido intraabdominal (789.59) (R18.8)*

# FOTOS

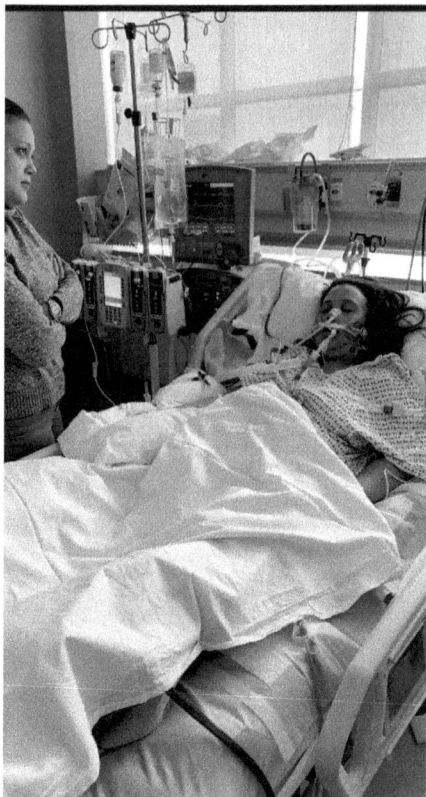

Mi hermanita días antes de regresar a España contemplándome al dormir en coma y pidiendo por un milagro que yo abriera los ojos antes del día de su partida, yo desperté justo el día antes de ella regresar a España con mi sobrino Jacob que preguntaba a diario cuando su titi Gi se iba a despertar.

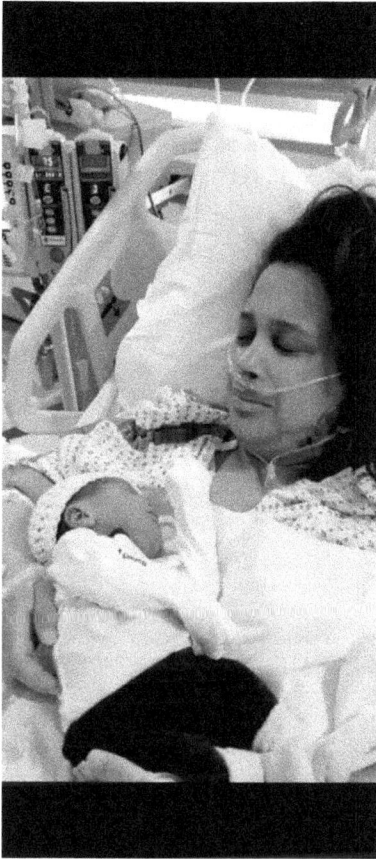

El día que sostuve a mi bebe por primera vez. 2/27/2019
Cuando se iba a casa

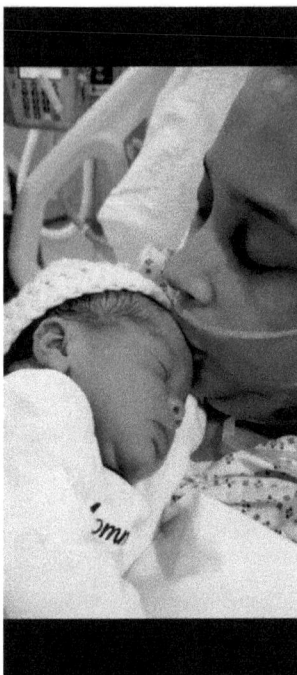

Nuestro primer encuentro, el día que por fin desperté. El mismo día que el dejaba el hospital.

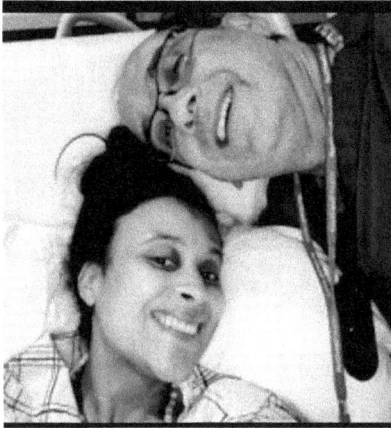

Mi ángel guardián en el hospital DR. Jonathan Herman mi ginecólogo y quien se mantuvo presente en todo momento brindándome su apoyo aún cuando ya yo no era parte de su unidad.

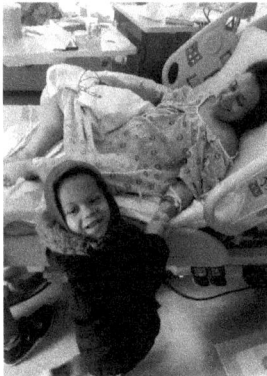

Jacob despidiéndose de mi en su regreso a España, feliz por verme despierta

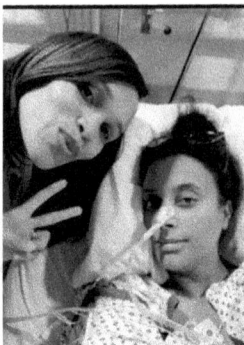

Mi segunda visita al intensivo junto a mi prima Carolina que no abandonó mi lado mientras estuve luchando por mi vida, donde me volvieron a poner en monitores 24/7 y no me permitían pararme de la cama ni siquiera a hacer mis necesidades fisiológicas

Dr. Robert Wulwick mi ginecólogo y quien mantuvo a mi familia al tanto de todo lo que sucedía en la sala de cirugías

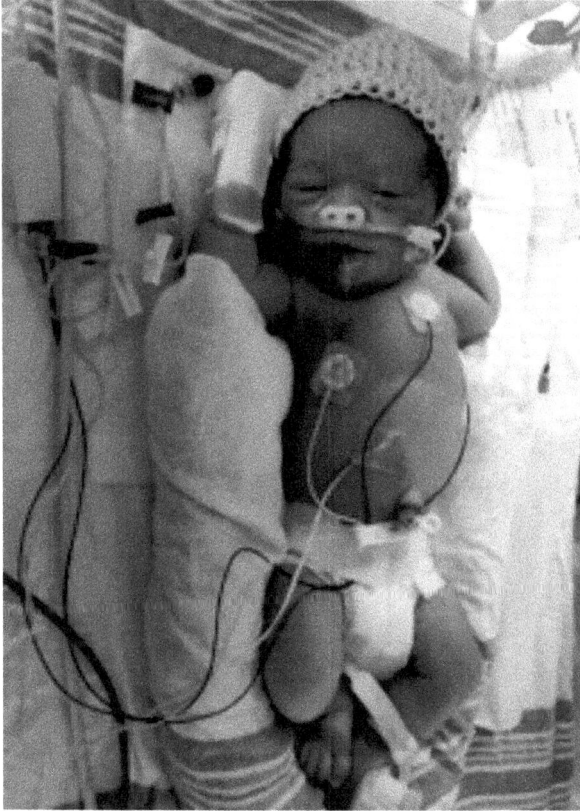

El dia que mi bebé nació cundo fue llevado al nicu después de haber sido ayudado a poder respirar ya que al nacer no respiraba salió del nicu el mismo día que yo desperté.

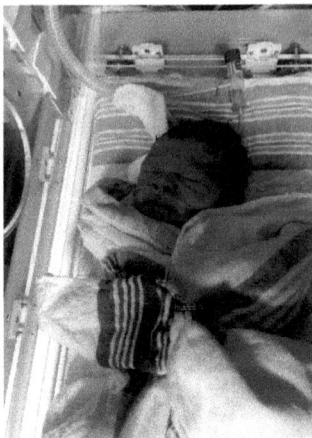

Mi hermoso Dios con nosotros, no supe hasta después
todo lo que tuviste que pasar para también sobrevivir,
pero que gracias a Dios hoy estamos aquí contándole al
mundo el milagro de nuestras vidas.

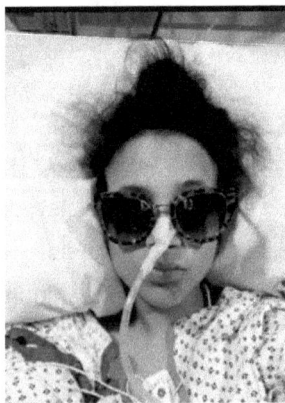

Mi segunda este día en el SICU entubada por mi nariz
por sangrado interno en mi estomago.

Una de las veces que Hailie me visito en el hospital
cuarto 5237.

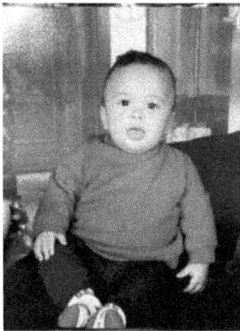

Harvey Emmanuel en su primera navidad 2019.

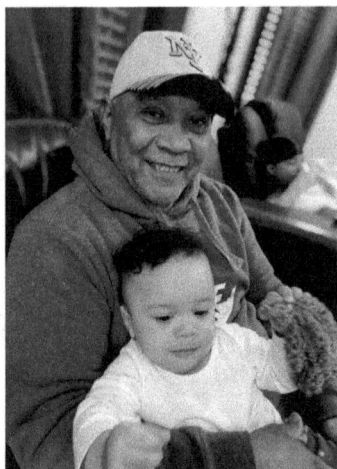

Mi suegro, el que siempre estuvo a mi lado desde el día uno y quien me sirvió de bastón para apoyarme cuando no podía caminar, me llevaba a la emergencia casa vez que me sentía mal, lo amo viejo.

Después de la tormenta llega la calma, la celebración de nuestro primer año de vida, Harvey y mío y los 13 años de Henry.

Su segunda navidad, lleno de salud y con la bendición de tener a su mami completamente sana con el.

La navidad del 2019, el año que más fuerte nos sacudió pero que gracias a Dios pudimos celebrar conmigo en casa y en camino a recuperación total.

Amada madre sin ti a mi lado no se que sería de mi,
gracias por estar aquí y por todo lo que haces.

Mi amado padre, estar aquí y celebrar otra navidad
juntos, es definitivamente obra De Dios te amo papi

Mariluz Wilcher gracias por estar a mi lado y nunca soltarme pendiente de mi salud y recuperación te amo

Angela Ceballos, mi cuñada y quien me acompañaba en el hospital en momentos de mis emergencias a ella le agredezco la rápida acción de llamar la atención de los doctores y enfermeras

Mi cuñada Cirky, desperté y encontré mensajes día por día que me enviaba esperando a que me despertara para leerlos y responderle. Te amo cuñada.

Mi cumpleaños #36 ya recuperada por completo gracias a Dios.

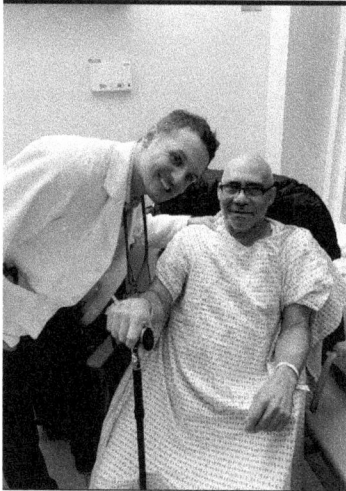

Mi padre en su batalla contra el Cáncer cuando estuvo interno antes de mi emergencia con su ángel guardián, Doctor Luis.

Mis hijos la primera vez que los vi después de despertar del coma. Room 523T.